本书为国家自然科学基金面上项目"社交媒体下游客情感—满意度时空……
"基于街景图像的城市旅游情感空间探测模型及图谱研究"（编号：42071169……

本书获陕西师范大学优秀学术著作出版资助

情绪、景观与旅游恢复性

城市如何让游客更愉悦

李君轶　朱海艳　张妍妍　孙晓涵　著

中国发展出版社
CHINA DEVELOPMENT PRESS

图书在版编目（CIP）数据

情绪、景观与旅游恢复性：城市如何让游客更愉悦 /
李君轶等著 . —北京：中国发展出版社，2023.9

ISBN 978-7-5177-1365-4

Ⅰ.①情… Ⅱ.①李… Ⅲ.①旅游区—景观—关系—
游客—研究—中国 Ⅳ.① F592.1

中国国家版本馆 CIP 数据核字（2023）第 045557 号

书　　　名：	情绪、景观与旅游恢复性：城市如何让游客更愉悦
著作责任者：	李君轶　朱海艳　张妍妍　孙晓涵
责 任 编 辑：	杜　君　龚　雪
出 版 发 行：	中国发展出版社
联 系 地 址：	北京经济技术开发区荣华中路22号亦城财富中心1号楼8层（100176）
标 准 书 号：	ISBN 978-7-5177-1365-4
经 销 者：	各地新华书店
印 刷 者：	北京市金木堂数码科技有限公司
开　　　本：	710mm×1000mm　1/16
印　　　张：	16
字　　　数：	251千字
版　　　次：	2023年9月第1版
印　　　次：	2023年9月第1次印刷
定　　　价：	65.00元

联 系 电 话：	（010）68990642　68360970
购 书 热 线：	（010）68990682　68990686
网 络 订 购：	http://zgfzcbs.tmall.com
网 购 电 话：	（010）88333349　68990639
本 社 网 址：	http://www.develpress.com
电 子 邮 件：	fazhanreader@163.com

前　言

　　工业化和城市化改变了人们的生活，物质更丰富，生活更方便，但是快节奏高强度的工作生活，使人们的压力和负面情绪陡增，因此如何缓解压力和减少消极情绪，成为环境心理学、旅游学等学科关注的重要问题。

　　大众旅游发展背景下，游客减压需求日益增加。旅游环境作为"有益身心的资源"（salutogenic source），具有促进游客心理和生理健康的效用。科学地评估游客在目的地非惯常环境中的恢复性[①]体验是旅游恢复性研究的核心问题，受到不同领域学者的关注。不同旅游目的地环境（景观）特征产生不同程度的游客旅游恢复性效应，自然景观通常被认为更具有环境恢复性潜力。但随着城市旅游的蓬勃发展，城市街道的漫游价值成为城市空间的重要资产，特别是随着"健康城市"理念的日益推广，城市街道的疗愈价值（恢复性）也成为城市旅游者的重要需求。旅游恢复性和减压动机源于日常生活中压力的不断累积，然而有关游客情绪状态与游客旅游恢复性之间关系的研究不足，缺乏将游客个体差异与旅游目的地环境（景观）进行匹配的恢复性研究视角。同时，在信息化时代背景下，模拟游览和实地游览的替代关系也备受关注，但尚未有人从恢复性视角深入探讨城市街道游览体验的恢复性效应。

　　针对以上问题，在国家自然科学基金面上项目（编号：41571135）、陕西省重点产业创新链（群）—社会发展领域项目（编号：2019ZDLSF07-04）和陕西省旅游信息科学重点实验室的支持下，本书全面、深入地考察游客在旅游目的地非惯常环境中的恢复性效应，科学评估旅游恢复性环境所引发的游客旅游恢复性效应，分析不同类型的景观对游客的身心健康恢复效应的差异；在恢复性环境理

---

　　① 编者注：本书中的"恢复性"，都是指游客的恢复性体验，即主体是"游客"。

论、旅游情境理论等理论的支持下，通过问卷、访谈、情境实验等多种方法，以城市湿地公园和峡谷溪流景区为案例，对比游客对两类景区水景观的环境恢复性感知差异，研究在两类景区中水景观的恢复性、情绪和短期工作投入度三者之间的内在关系和影响机制；引入心理生理实验研究方法，探索处于不同压力状态的游客（高压力状态游客与一般压力状态游客）对不同类型水景观的心理生理恢复性反应机制，明晰环境、个体与恢复性效应之间的关系；以"恢复性"为研究视角，以城市街道游览体验和恢复性的关系为出发点，以模拟和实地两种游览方式为实验情境，以西安三条典型城市旅游街道为案例地，通过现场情境实验设计，采用生理和心理多维测量方式，探究城市街道模拟游览和实地游览中的游客旅游恢复性及其影响因素，以期为情绪、景观和旅游恢复性研究提供新途径和新视角，并为旅游地（城市、景区）品质景观建造与优化、游客情绪释放和压力恢复等提供科学的理论支持。

本书由李君轶、朱海艳统稿，具体的章节编写分工如下：第一章由李君轶、朱海艳执笔，第二章由李君轶、成茜、孙晓涵、付利利执笔，第三章由张妍妍、朱海艳执笔，第四章由付利利、张妍妍执笔，第五章由孙晓涵、李君轶执笔，第六章由孙晓涵、张妍妍执笔，第七章由成茜、朱海艳执笔，第八章由成茜、李君轶执笔。本书中图表的资料来源除特殊说明外，均为作者自制。

情绪、景观和旅游恢复性的交叉研究是一个新的研究领域。本书作为该领域的探索性尝试，旨在抛砖引玉，虽然几易其稿，但是仍存在一定的局限性，不足之处请读者批评指正。

李君轶

2022 年 4 月

目 录

第 1 章　绪论

第2章 文献综述

第3章 基础理论

第4章 环境恢复性感知、情绪和短期工作投入度关系研究

第5章 个体压力状态与游客旅游恢复性关系研究

第6章 压力状态—环境类型对游客旅游恢复性的交互效应分析

第 7 章　城市街道模拟游览和实地游览恢复性的对比

第 8 章　模拟游览和实地游览城市街道景观的恢复性影响因素分析

第 1 章

绪论

在后工业化时代，快节奏的生活、高强度的工作使人们的压力不断加大，焦虑、心理疲劳等问题不断出现，引发负面情绪，甚至导致某些慢性疾病[1]。如何消除不良的情绪、减轻压力，成为环境心理学和积极心理学共同关注的问题。研究表明，旅游被证明更具有"宏观恢复价值"，即能够帮助个体获得更彻底的放松体验[2]。不同的旅游景观对于游客的恢复性有差异，因而探讨情绪、景观与旅游恢复性的关系成为学术界和社会共同关注的话题。

1.1 研究背景

1.1.1 恢复性及恢复性环境成为重要的研究领域

在环境心理学研究领域，越来越多的学者开展恢复性环境的研究。恢复性环境指能使人们更好地从心理疲劳以及与压力相伴随的消极情绪中恢复过来的环境[3]。如今环境污染和城市拥挤现象愈加突出，人们也越来越注重生活环境质量，尤其是住房和工作周边的绿化环境。理论上自然环境对人的身心健康存在一种恢复作用，会影响人的工作状态。Lottrup 等（2013）研究表明，工作场所视觉上的绿化和积极的工作态度与压力水平的降低之间存在显著的关系[4]。Korpela 等（2017）研究表明，在自然环境中进行体育活动对人们的工作活力有积极影响[5]。然而就中国的现状而言，绝大多数普通上班族难以从居住和工作区域的绿化环境中获得很好的恢复作用。与发达国家城市多在居民区和商业区修建迷你公园和社区公园不同，中国城市更倾向于修建大型城市公园，小型绿化广场、社区型公园以及尺度宜人、服务便利的街头绿地数量偏少，难以真正满足大多数人的日常游

憩需求 [6]。随着大众旅游普及和交通便利化，周末户外游憩已经成为一种生活常态，对于不少上班族来说，周末游成为放松和恢复身心的重要方式之一。与生活和工作环境相比，景观优美的公园（景区）更受人们青睐。

1.1.2　旅游是一种重要的恢复性途径

旅游是现代社会中人们释放压力、缓解疲劳的重要途径，旅游环境也是重要的恢复性环境。旅游活动中的游客通过与陌生环境取得暂时性的联系，从而改善其心理状况的过程就是旅游体验 [7]。旅游体验是旅游学研究的核心议题，被认为是旅游的本质。学者们从情感 [8-10]、真实性 [11] 等不同方面探究旅游体验及其维度。有研究表明，恢复性（restoration）是旅游体验的维度之一，即使周末短期出行也可以帮助人们从压力中恢复过来，长途旅行则可以提供更多的恢复性体验机会 [12]。游客存在恢复性需求，放松心情、缓解疲劳、逃避日常生活压力原本就是游客参与旅游活动的重要动机。旅游环境作为一种"恢复性环境"（restorative environment），可以帮助人们在快节奏生活中调节情绪、恢复注意力，促进心理和生理健康 [13]。

1.1.3　信息技术和实验手段成为恢复性研究的新方法

虚拟旅游成为后疫情时期一种重要的"旅游形式"。信息时代的到来促使以流动性为基本特征的旅游活动逐渐突破了时间和空间的限制。直播、短视频、VR 技术等使得虚拟旅游成为行业热潮。新冠疫情暴发后，部分学者从恢复性角度论证了旅游体验影响人们心理健康的机制，即在出行受限的情况下，虚拟游览体验能够有效缓解居家人群的压力和消极情绪 [14-15]。但是虚拟游览和实地游览是否具有同样的恢复效益，有待进一步探索。实验研究提供了精确的变量控制条件，使研究条件可控、实验结果可重复，为体验时代的旅游研究带来新的数据与解释方式 [16-17]。心理生理实验方法（psycho-physiological study）能够提供客观、精确的测量数据，跟踪动态变化过程，近年来在旅游营销、游客情绪（情感）等研究领域掀起使用热潮[18-19]，而在旅游恢复性研究中尚未普遍使用。环境心理学是最早关注恢复性的学科之一，学者们灵活运用脑电、皮肤电、血压、心率等客观指标，结合自我报告式量表数据，充分探讨各类环境对个体身心健康的影响，已发展出较为成熟的环境恢复性实验测量手段[20]。参照环境心理学的实验研究成果，我们可以洞见科学、精确的实验数据在推进旅游恢复性研究方面的潜力。他山之石，可以攻玉。借助认知实验、脑电波、皮肤电实验技术，获取参与实验任务被试的认知行为数据和生理数据，结合自我报告式量表数据，形成多方验证，为旅游恢复性研究提供了一种新的思路与数据来源。生理实验数据具有实时性与准确性高的优势，可以规避由被试主观回避想法导致的数据失真，提供了以真实生理数据量化恢复性的技术分析基础，应用于抽象的、难以捕捉的游客旅游恢复性研究十分适宜[21]。与传统的问卷、访谈方法相比，生理数据是被试参与实验任务时设备自动记录的结果，依据统一、可靠的标准，通过数据分析可得到被试的注意力、情绪变化结果，对游客旅游恢复性效应的动态过程研究具有重要价值。

1.2 研究意义

1.2.1 理论意义

丰富旅游体验的研究内容。过去相关研究着眼于不同景观对情绪和注意力恢复的影响，基于注意力恢复理论的景观研究取得了一定的研究成果[22-23]，且多以图片景观为主。与已有研究相比，本书以真实旅游体验下的游客为研究对象，以水景观、城市街道景观为实验场景及刺激要素，引入短期工作投入度、压力状态、游览场景及多类型城市街道等变量，拓展并丰富游客—环境交互视角下，游客不同维度的心理生理恢复性效应及恢复性反应机制等的研究内容。

创新旅游恢复性研究方法。在旅游恢复性研究中，学者主要从案例地现场调研、问卷调查等方面研究旅游环境恢复性，很少将心理学和认知神经科学与旅游学相结合。而在心理生理学与环境心理学的恢复性研究中，多采用实验方法，借助生理反应测量仪器、行为任务等手段研究具有恢复性的自然与人工建成环境。但是，旅游学与心理生理学的研究几乎平行发展，心理学成熟的实验方法并没有补益到旅游学研究中来。在如今跨学科研究的背景下，本书综合运用心理生理学中皮肤电活动（electrodermal activity，EDA）、肌电（electromyography，EMG）、脑电波（electroencephalogram，EEG）及行为任务研究方法、情境实验法、图像量化法、自我报告式量表问卷等方法，旨在通过实证研究，揭示景观对游客心理生理恢复性效应的效果，这对旅游恢复性研究具有重要的方法论意义。

丰富恢复性研究的内涵。相比于日常生活环境，旅游环境能够给游客带来显著的恢复效应，这在对海滨旅游度假地 [24]、城市公园 [25] 等自然类旅游目的地的研究中得到证实。有学者研究发现，在中国传统文化价值观和儒学思想的影响下，中国游客对城市环境恢复性感知评价高于自然环境 [24, 26]，即城市旅游目的地更能促进个体恢复 [27]。既往研究侧重于从宏观角度探讨城市旅游中特定景区景点游览体验所带来的恢复效应，针对城市公共空间中街道环境和游客恢复体验的研究较为匮乏。此外，信息时代在线旅游如火如荼，虚拟和实地的互动关系也是研究热点之一，但鲜有学者从恢复性视角探究二者的关系。本书着眼于如何在城市旅游蓬勃发展的趋势下，从城市街道这一微观尺度展开，探究城市街道模拟游览和实地游览的恢复效应，拓宽恢复性在旅游研究中的内涵。

1.2.2　现实意义

环境对人的恢复性研究是关系研究的重要内容，旅游地具有不容忽视的身心

恢复价值 [2]。高压的现代城市生活促使人们寻求舒缓心情、转移注意力的方法，而旅游恰恰承载了这样的希望。在现实生活中，人们希望通过旅游愉悦身心、调整情绪。尤其是在新冠疫情发生后，游客旅游恢复性诉求更加明显。水景观具有恢复潜力与优美的生态环境特征，对游客有很强的吸引力，拥有水景观的目的地往往成为人们出游的理想选择。Grassini 等（2019）研究表明，与城市景观相比，自然景观更能使人放松，更有利于调整情绪、缓解压力 [28]。而在自然环境中，水景观具有明显的恢复效果。本书研究内容之一是探索水景观作为恢复性环境，对人们情绪和短期工作投入度的影响，从实际意义上帮助人们有效调整情绪，更加积极地投入工作。同时基于游客类型与环境类型交互的视角，研究水景观旅游环境对游客旅游恢复性的诱发机制，旨在探索不同条件下具有高恢复性效应的水景观类型，为大众出游提供参考；帮助景区管理者认识到自然景观尤其是水景观的恢复性价值，加强对景观的质量管理，提升景区环境品质，发挥景区对到访者情绪和压力释放的积极效应。

街道作为城市最基本的公共空间，是旅游城市的重要吸引物之一。环境心理学、风景园林学、城市规划学等领域的学者探讨了城市街道—居民恢复性互动关系，论证了街道环境对提升城市居民健康水平的重要价值 [7, 29-31]。但旅游活动的异地性和暂时性，使得非惯常环境下的游客感知不同于惯常环境下的居民感知 [32]。基于不同的目的，居民和游客的街道空间体验可能截然不同 [2]。以审美和愉悦为目的的旅游活动，无论是模拟游览还是实地游览，都是游客体验非惯常环境的情境方式，但模拟游览和实地游览与游客旅游恢复性的互动关系尚待探索。从游客角度而非常住居民角度，在城市街道模拟游览和实地游览中对比游客旅游恢复性差异，并从街道景观特征角度探究影响游客旅游恢复性的相关因素，能够为提升城市街道旅游环境品质的规划、设计和管理提供实践指导，为全面推进健康城市建设贡献旅游学的学科力量。

1.3 研究方法

1.3.1 文献研究法

文献研究法要求围绕研究主题，通过归纳分析法研究国内外相关文献资料，充分掌握所研究主题的发展脉络与学术前沿信息，知晓前人的研究成果并作出总结，在此基础上选择恰当的研究方法展开学术工作。文献研究也是发现科学问题，解决前人研究中不足之处，进行学术创新的必由之路。本书对基本概念、恢复性环境、旅游恢复性、城市旅游、模拟与实地环境恢复性等研究文献进行了整理分析与评述，在此过程中凝练出有价值的研究问题，对于概念界定、明确恢复性维度与选取恢复性测量指标具有很大帮助。

1.3.2 问卷调查法

问卷调查法在社会科学领域的应用十分广泛。调查者编制题项或借鉴成熟的量表，以现场、网络、邮寄、电话等方式展开调查，被试需要按照要求如实反映自身实际情况。与心理生理学技术所需要的高技术要求、高成本以及时间要求不同，问卷调查较为便宜、更易操作[33]，在社会科学研究中应用更为广泛。研究者根据研究目的确定调查内容，或参考相关研究的成熟量表，编制纸质版或电子版调查问卷，在具体研究过程中根据实际情况要求参与者填写并回收调查问卷。通过问卷调查，可以按照基本方法和维度方法收集有关情绪效价和恢复性感知的信息。

问卷调查法通常包括李克特量表、语义差异量表、斯坦普尔量表、配对比较量表、Q 分类量表等。本研究综合借鉴了积极和消极情绪量表（Positive Affect and Negative Affect Scale，PANAS）[34]、情绪状态简表（Profile of Mood States，POMS）[35]、恢复性感知量表（Perceived Restorativeness Scale，PRS）、度假地感知恢复量表（Perceived Destination Restorative Qualities Scale，PDRQS）[36]、抑郁—焦虑—压力量表精简版中文量表（21-item Depression Anxiety and Stress Scale，DASS-21）[37]、短期工作投入度量表（Utrecht Work Engagement Scale，UWES-9）[38]、自我评估情感量表（Self Assessment Manikin，SAM）[39]、街道景观感知特征测量等进行研究。

1.3.3 实验研究法

实验研究法因其可控性和可重复性，成为社会科学领域探索因果机制的一种重要方法。以体验为内核的旅游心理研究，从传统的定性或定量实证研究开始转向实验研究[40]。目前，旅游领域中常用的实验研究法主要有实验室实验、情境实验、现场实验（田野实验）和自然实验（准实验）。其中，情境实验通过对自变量进行不同水平的控制，有助于解释变量之间的因果机制，同时，文字、图片或视频等刺激材料模拟实验情境，使得情境实验兼具实验室实验和问卷调查的优势，扩展了实验研究法在旅游领域的适用范围；而现场实验则是发生在真实旅游环境中，可直接在旅游场景中对行为变量进行操控[40]。本书主要采用认知实验和情境实验相结合的方式，邀请正在旅游的游客参与实验，有利于突破以往仅以学生和居民为样本的实验，或仅在实验室"非自然状态"下开展实验的局限。实验研究法主要有以下两种方法。

认知实验法。认知实验法主要用于测量实验任务下的认知能力，侧重对被试定向注意力和短时工作记忆的考察。具体测量方式包括：内克尔立方体双向稳态图形测试任务（Necker Cube Pattern Control Task，NCPCT）、倒序数字跨度（Backward Digit Span，BDS）、注意力网络测试（Attention Network Test，ANT）、Stroop 颜色判断任务等[20]。实验参与者需要集中精神付出一定的努力获取更好的实验成绩，在被试配合实验的前提下，其过程与结果受人为因素影响较小，能够客观反映受实验刺激调配的认知能力变化情况。环境恢复性研究中经常采用 Stroop 效应来检验被试注意力水平恢复效果 [41-42]，本书同样选择 Stroop 颜色判断任务作为认知能力测量方式，采用前后测的实验设计，通过对比被试前后测成绩差值判断认知能力恢复效果。

情境实验法。情境实验兼具实验室研究与问卷调查的优势 [40]。一方面，实验能够对研究自变量进行不同水平的控制，有助于解释变量之间的因果发生机制，克服问卷调研只能研究相关性的局限。另一方面，情境实验通过精选实验素材（文字、图像、录音、视频等）模拟构建研究情境，并通过计算机等设备呈现刺激，收集数据更加方便，尤其利于跨地域的旅游研究，能够突破案例地的地域限制。本书采用情境实验法，通过演示水景观图片或播放街道视频使被试进入旅游情境，以探讨水景旅游地和城市街道模拟游览在非惯常环境中的游客旅游恢复性。

1.3.4 生理测量法

生理测量法主要用来评估人体内部自主反应引起的生理系统的变化，是一种更加客观地测量个体生理反应的实时追踪方法 [43]。常用的生理测量法包括皮质醇水平、心率（Heart Rate，HR）、血压（Blood Pressure，BP）、呼吸、皮肤电活动（EDA）、脑电波（EEG）、肌电（EMG）和事件相关电位（Event-Related Potentials，ERP）等。智能可穿戴设备、移动生理传感器的发展和普及，使研究人员能够随时随地获得人们对认知、情绪和身体体验的生理反应。本书通过实验设计，在正式实验中主要通过 Biopac MP160 多导生理仪和脑电仪传感设备来采集数据，并通过软件进行记录、分析游客在实验过程中的实时生理数据。

1.3.5 图像量化法

景观评价领域中的心理物理学方法旨在寻求构成风景的客观特征和人的知觉反应之间的定量关系 [44]。计算机视觉领域中的"图像语义"（分割）概念常用于景观客观特征的识别与量化 [45]。通过计算机对图像数据的处理运算，能够对图像中的目标进行切割划分，并赋予语义标签，使分割出来的目标图像更具有识别性。在 Photoshop 软件中可以直接计算照片中的景观元素，如植被、建筑、水、山体、路面等要素面积的占比，这种方法精准可信，在国内外研究中已经得到广泛应用[46-48]。本书通过截取模拟游览视频中的街道图片，在 Photoshop 中定量描述街道景观的客观组成元素。

1.4 主要研究内容

1.4.1 环境恢复性感知、情绪和短期工作投入度关系研究

以水景观为研究对象，以城市湿地公园和峡谷溪流景区为案例，对比两类景区水景观的环境恢复性感知差异，研究人工和自然两类景区中，水景观的恢复性、情绪和短期工作投入度三者之间的内在关系和影响机制，为景区景观设计者和管理者科学决策提供参考和建议。具体研究内容包括以下方面。①对比城市湿地公园和峡谷溪流景区的水景观的环境恢复性感知、情绪和短期工作投入度的差异。通过实地调研和专家小组讨论分析，总结城市湿地公园和峡谷溪流两类景区的水景观差异，梳理文献提出研究假设，选取合适量表开展现场问卷调查，分析并验证假设。②揭示水景观环境恢复性感知、情绪和短期工作投入度三者的关系。基于恢复性环境理论和积极情绪"拓展—建构"理论，提出水景观环境恢复性感知、情绪和短期工作投入度之间的假设关系，鉴于城市湿地公园与峡谷溪流景区的水景观形态的差异，分别对其构建结构方程模型进行验证。③探讨影响两种结构方程差异的实际因素。分别使用城市湿地公园和峡谷溪流景区获取的样本数据，建立水景观环境恢复性、情绪和短期工作投入度之间的结构方程模型。如果两种结构方程模型揭示的关系一致，则能明确验证三者的假设关系；如果存在差异，则需要归纳两个结构方程模型之间的差异，并探讨其中的影响因素。

1.4.2 压力状态对游客旅游恢复性的影响

借助心理生理实验研究法，采用前后测研究设计，获取观看不同类型水景观刺激图像前后的 Stroop 认知行为数据和情绪状态简表（POMS），通过组内比较前后测数据，初步检验该实验设计是否引起被试显著的恢复性反应，以证实验设计的科学合理性，具体包括以下方面。①探究压力状态对游客旅游恢复性的调节作用。学界对于游客旅游恢复性影响因素的探讨主要集中在游客偏好、旅游经验、停留时长等旅游行为因素上，也有学者考察不同类型环境所引发的游客旅游恢复性。然而，游客个体因素的调节作用始终被忽略。本研究关注初始压力状态会影响个体恢复性，将研究对象按照心理压力状态自评分数划分为高压力状态游客（实验组）与一般压力状态游客（对照组），考察相同恢复性刺激条件下两组研究对象的心理生理恢复性效应是否一致。②不同类型水景观对游客旅游恢复性的影响。有关游客旅游恢复性效应的实证研究中，通常是对某一类型的旅游目的地进行调研分析。实际上同一类型的目的地也可能存在空间、环境、景观特质上的显著差异，例如水景观旅游地作为典型的恢复性环境广泛分布于城市、乡村、郊野等地，且存在河流、湖泊、瀑布、喷泉等多种水体形态。为探究不同类型水景观对游客旅游恢复性的影响作用，本书采用被试内设计，选取自然与人工两组水景观图像，每组水景观图像包含滞水、流水和落水三种水体形态，通过收集游客脑电数据与旅游恢复性感知数据，考察水景观环境因素与水体形态因素对游客旅游恢复性的影响。

1.4.3 压力状态—环境类型对游客旅游恢复性的交互效应

现有研究多采用自我报告的方式采集游客对环境恢复性的感知，仅仅关注有认知参与的恢复效果，那些悄然发生在潜意识中的心理生理变化并没有纳入恢复性评估，因此也缺乏对旅游地环境恢复性机制的深入了解。本书从环境心理学视角，运用脑电实验、认知实验、情绪状态自评量表和环境恢复性感知量表多种手段测量游客旅游恢复性效果，以期对旅游目的地环境恢复性效应给出多角度、全方位的解释。根据游客个体状态，探究与之匹配的高恢复性效应出游决策，研究高压力状态游客与一般压力状态游客参观不同水景观后的恢复性效应，旨在通过比较分析得出游客在不同压力状态下最适宜参观的水景观类型。

1.4.4 模拟游览和实地游览城市街道的恢复性对比及影响因素

以"恢复性"为研究视角，结合环境心理学的恢复性环境理论和旅游学的旅游情境理论，以城市街道游览体验和恢复性的关系为出发点，以模拟游览和实地游览两种方式为情境，以西安三条典型城市旅游街道为案例地，通过现场情境实验，采用生理和心理多维测量方式，探究城市街道模拟游览和实地游览中的游客旅游恢复性，主要研究包括以下方面。①在模拟游览和实地游览中验证城市街道游览体验的恢复性效应。借助实验设计中的基线环节（T0）、压力诱发实验（T1）和恢复体验实验（T2），基于心理指标进行前后测量，基于生理指标进行瞬时测量，通过组内比较模拟游览和实地游览中的游客在不同实验阶段的心理生理恢复性差异。②对比模拟游览和实地游览中不同类型城市街道和游客旅游恢复性的关系。游客心理恢复主要从情感、压力和环境感知恢复性 3 个方面测度；游客生理恢复主要从皮肤电导水平（Skin Conductance Level，SCL）、肌电（EMG）和脉搏波（Photo Plethysmo Graphy，PPG）变化 3 个方面测度。针对 6 个实验组，通过组间比较模拟游览和实地游览中不同类型街道上的游客旅游恢复性，并探究游览方式和街道类型在游客旅游恢复性不同表征维度上的交互效用。③量化城市街道景观特征，探究城市街道景观特征对游客旅游恢复性的影响程度。基于 PS 图像法量化城市街道景观客观特征，基于语义差异量表（SD）量化城市街道景观感知特征，旨在探究不同类型街道模拟游览和实地游览中影响游客旅游恢复性的街道景观特征因素及其影响程度。

参考文献

[1] Holmes E A，O'Connor R C，Perry V H，et al. Multidisciplinary research priorities for the COVID-19 pandemic：a call for action for mental health science [J]. The Lancet Psychiatry，2020，7（6）：547-560.

[2] 郭永锐，张捷，卢韶婧，张玉玲，年四锋，颜丙金.旅游者恢复性环境感知的结构模型和感知差异 [J]. 旅游学刊，2014，29（2）：93-102.

[3] 苏谦，辛自强.恢复性环境研究：理论、方法与进展 [J]. 心理科学进展，2010，18（1）：177-184.

[4] Lottrup L，Grahn P，Stigsdotter U K. Workplace greenery and perceived level of stress：Benefits of access to a green outdoor environmentat the workplace [J]. Landscape and Urban Planning，2013，110：5-11.

[5] Korpela K，De Bloom J，Sianoja M，et al. Nature at home and at work：Naturally good？Links between window views，indoor plants，outdoor activities and employee well-being over one year [J]. Landscape and Urban Planning，2017，160：38-47.

[6] 魏峰群，席岳婷，SHU Tian Cole.空间正义视角下城市游憩空间发展理念与策略——基于美国经验的启示 [J]. 西部人居环境学刊，2016，31（5）：51-56.

[7] 谢彦君.基础旅游学 [M]. 北京：中国旅游出版社，2004：201-218.

[8] Hosany S，Martin D，Woodside A G. Emotions in tourism：Theoretical designs，measurements，analytics，and interpretations [J]. Journal of Travel Research，2021，60（7）：1391-1407.

[9] Wang L，Hou Y，Chen Z. Are rich and diverse emotions beneficial？The impact of emodiversity on tourists' experiences [J]. Journal of Travel Research，2021，60（5）：1085-1103.

[10] Moyle B D，Moyle C L，Bec A，et al. The next frontier in tourism emotion research [J]. Current Issues in Tourism，2019，22（11-15）：1393-1399.

[11] Wang N. Rethinking authenticity in tourism experience [J]. Annals of tourism research，1999，26（2）：349-370.

[12] Chen C C, Petrick J F, Shahvali M. Tourism experiences as a stress reliever: Examining the effects of tourism recovery experiences on life satisfaction [J]. Journal of Travel Research, 2016, 55（2）: 150–160.

[13] 刘群阅，陈烨，张薇，张逸君，黄启堂，兰思仁. 游憩者环境偏好、恢复性评价与健康效益评估关系研究——以福州国家森林公园为例 [J]. 资源科学，2018，40（2）: 381–391.

[14] Yang T, Lai I K W, Fan Z B, et al. The impact of a 360 virtual tour on the reduction of psychological stress caused by COVID–19[J]. Technology in Society，2021.

[15] 成茜，李君轶. 疫情居家约束下虚拟旅游体验对压力和情绪的影响 [J]. 旅游学刊，2020，35（7）: 13–23.

[16] 黄潇婷，陈美鑫. 旅游行为实验的抽象与控制 [J]. 旅游学刊，2020，35（12）: 1–3.

[17] 张圆刚. 体验时代的旅游：新技术与新实验 [J]. 旅游学刊，2020，35（12）: 8–10.

[18] Li S, Walters G, Packer J, et al. A comparative analysis of self–report and psychophysiological measures of emotion in the context of tourism advertising [J]. Journal of Travel Research, 2018, 57（8）: 1078–1092.

[19] Li S, Walters G, Packer J, et al. Using facial electromyography to test the peak-end rule in tourism advertising[J]. Journal of Hospitality & Tourism Research, 2022, 46（1）: 55–77.

[20] Liu J, Wang Y, Zimmer C, et al. Factors associated with soundscape experiences in urban green spaces: A case study in Rostock, Germany [J]. Urban Forestry & Urban Greening, 2019, 37: 135–146.

[21] Hadinejad A, Moyle B D, Kralj A, et al. Physiological and self–report methods to the measurement of emotion in tourism[J]. Tourism Recreation Research, 2019（7）: 1–13.

[22] White M, Smith A, Humphryes K, et al. Blue space: The importance of water for preference, affect, and restorativeness ratings of natural and built scenes[J]. Journal of Environmental Psychology, 2010, 30（4）: 482–493.

[23] 叶婉柔（Wan-Jou Yeh），欧圣荣（Sheng-Jung Ou）. 探讨水体不同类型尺度对

受测者心理感受之影响 [J]. 造园景观学报，2013，19（3）：15-34.

[24] 刘群阅，尤达，朱里莹，王亚蕾，黄启堂，兰思仁. 游憩者场所依恋与恢复性知觉关系研究——以福州城市公园为例 [J]. 资源科学，2017，39（7）：1303-1313.

[25] Lehto X，Kirillova K，Li H，et al. A cross-cultural validation of the perceived destination restorative qualities scale：The Chinese perspective [J]. Asia Pacific Journal of Tourism Research，2017，22（3）：329-343.

[26] 朱芳，苏勤，陶云，沈惊宏. 游客—环境互动视角下旅游者目的地环境恢复性效应 [J]. 热带地理，2020，40（4）：636-648.

[27] 张凌云. 旅游：非惯常环境下的特殊体验 [J]. 旅游学刊，2019，34（9）：3-5.

[28] Grassini S，Revonsuo A，Castellotti S，et al. Processing of natural scenery is associated with lower attentional and cognitive load compared with urban ones[J]. Journal of Environmental Psychology，2019，62：1-11.

[29] 余洋，蒋雨芊，李磊. 城市公共空间的健康途径：健康街道的要素与框架 [J]. 中国园林，2021，37（3）：20-25.

[30] 芦原义信. 街道的美学 [M]. 天津：百花文艺出版社，1989.

[31] 简·雅各布斯. 美国大城市的生与死 [M]. 南京：译林出版社，1961.

[32] 李渊，杨璐，高小涵. 鼓浪屿街道空间体验分析与提升策略 [J]. 规划师，2019，35（14）：24-31.

[33] Ciuk D，Troy A，Jones M. Measuring emotion：Self-reports vs. physiological indicators [J]. Physiological Indicators，April 16，2015.

[34] 邱林，郑雪，王雁飞. 积极情感消极情感量表（PANAS）的修订 [J]. 应用心理学，2008，14（3）：249-254.

[35] Shacham，S. A shortened version of the Profile of Mood States [J]. Journal of Personality Assessment，1983，47（3）：305-306.

[36] Lehto X. Assessing the perceived restorative qualities of vacation destinations [J]. Journal of Travel Research，2013，52（3）：325-339.

[37] Moussa，M T，Lovibond，P F，Laube，R E. Psychometric properties 1 psychometric properties of a Chinese version of the 21-item depression anxiety stress

scales（DASS 21），2016.

[38] Schaufeli W B，Bakker A B，Salanova M. The measurement of work engagement with a short questionnaire：A cross-national study [J]. Educational and psychological measurement，2006，66（4）：701-716.

[39] Lang P. Behavioral treatment and bio-behavioral assessment：Computer applications [J]. Technology in mental health care delivery systems，1980：119-137.

[40] 汪京强，吴贵华.旅游心理研究领域的实验方法转向 [J].旅游学刊，2020，35（12）：4-6.

[41] Chiang Y C，Li D，Jane H A. Wild or tended nature？ The effects of landscape location and vegetation density on physiological and psychological responses. Landscape and Urban Planning，2017，167（6）：72-83.

[42] Gao T，Zhang T，Zhu L，et al. Exploring psychophysiological restoration and individual preference in the different environments based on virtual reality[J]. International journal of environmental research and public health，2019，16（17）：3102.

[43] 斯皮罗·科斯托夫.城市的组合 [M].北京：中国建筑工业出版社，2008.

[44] Bernard R. Streets for people：a primer for Americans hardcover[M]. Doubleday & Company，1969：351.

[45] Donald A. Livable streets[M]. University of California Press，1982：382.

[46] 高克跃."街"、"路"概念辨析与街道设计基本理念 [J]. 城市交通，2014，12（1）：61-65，73.

[47] 陈宇.城市街道景观设计文化研究 [D]. 东南大学，2006.

[48] 张云.城市街道空间营造研究 [D]. 中国美术学院，2016.

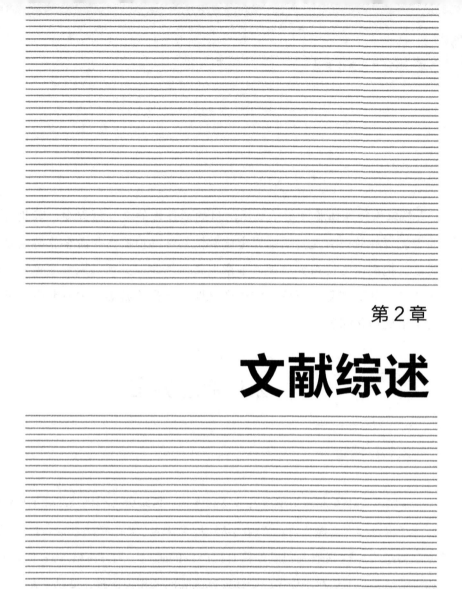

第 2 章

文献综述

游客恢复性体验发生于个体与目的地环境的交互过程中，因此研究游客旅游恢复性效应首先要明确界定旅游恢复性环境概念与游客旅游恢复性效应维度，把握恢复性研究进展。本章主要对情绪、景观、恢复性等相关概念进行界定，并对恢复性环境、旅游恢复性、城市旅游等相关研究内容及方法进行文献梳理和综述。

2.1 概念界定

2.1.1 情绪

情绪产生于对刺激情境或者事物的评价。情绪分为积极情绪和消极情绪。积极情绪也被称为正性情绪，情绪的认知理论认为"积极情绪就是在目标实现过程中取得进步或得到他人积极评价时所产生的感受"[1]。Fredrickson（2001）认为积极情绪是指人们在工作生活中体验到的瞬间的积极情感，是对个人有意义的事情的独特、即时性反应，包括快乐、兴趣、满足感和喜爱等[2]。郭小艳等（2007）认为积极情绪即正性情绪是指个体由于体内外刺激、事件满足个体需要而产生的伴有愉悦感受的情绪，包括快乐（happy）、满意（contentment）、兴趣（interest）、自豪（pride）、感激（gratitude）和爱（love）等[3]。消极情绪也被称为负性情绪，与积极情绪相对立，包括恐惧、愧疚等。

2.1.2 恢复性环境与旅游恢复性

"恢复性"这一术语最早是由 Olmsted（1970）在《公园与城市扩张》中提

出的 [4]，他认为城市扩张将给社会造成一系列问题，但可以通过兴建大型公园的方式来解决这一问题，即自然环境有助于城市居民获得身体和心灵上的益处。"恢复性环境"，在国内也被翻译为"复愈性环境"，其概念最早由美国密歇根大学的 Kaplan 和 Talbot（1983）提出。他们针对两周的野外生活对心理的影响进行研究，发现野外生活对多数人具有恢复性功能，由此提出了"恢复性环境"的概念，定义为"能够帮助人们更好地缓解心理疲劳、心理压力及消极情绪的环境" [5]。Kaplan 等（1989）认为恢复性环境有四大构成要素：远离（being away）、魅力（fascination）、延展（extent）和兼容性（compatibility） [6]。环境恢复性效应指特定环境或景观所引发的个体生理或心理健康恢复效应（Linda，2012） [7]。

基于恢复性环境理论，环境心理学已经证实了自然环境的积极作用，即风景优美的自然环境是一种"有益健康的资源" [8]。但也有学者关注到并非只有自然环境才具有身心恢复效应，如 Scopelliti 等（2004）指出建成环境也具有恢复的可能性，并将"恢复"定义为"复杂的人—环境交互的结果，是地方环境的物质特征和人的认知、情感和行为特征共同作用的结果，是对地方的一种综合性体验" [9]。

旅游恢复性是旅游体验的维度之一，主要指非惯常环境下游客与旅游环境的互动体验结果，即在旅游中游客对旅游环境及景观特征的心理和生理反应。其中心理层面的恢复性既包括恢复性感知，也包括情感恢复和压力缓解，生理层面的恢复性则主要通过皮电、肌电和脉搏等生理信号来表征。

2.1.3 城市街道定义及类型

《中国大百科全书》将"城市"定义为依一定的生产方式和生活方式把一定地域组织起来的居民点，是该地域或更大腹地的经济、政治和文化生活的中心 [10]。先哲亚里士多德则提出，人们来到城市是为了安全，人们居住在城市是为了美好的生活，人是城市的真正核心 [11]。城市街道是随着城市的形成而产生的。罗马建筑师维特鲁威在《建筑十书》中明确指出，城市的建筑可分为城区、公共建筑和私人建筑两部分，两者之间街道系统的建立是最重要的关键步骤[12]。科斯托夫（1992）甚至提出"没有街道便没有城市"的论断[13]。可见，城市街道是城市最基本的网络框架。

《辞海》将"街道"定义为"旁边有房屋的比较宽阔的道路"。城市化迅速推进过程中，街道规划以实现机动车快速通行为导向，强调其道路属性，而街道步行空间被挤压、公共空间缺失，成为单一的基础设施。随着人本城市主义的发展和实践，雅各布斯的《美国大城市的生与死》[14]、鲁道夫斯基的 *Streets for People: A Primer for Americans Hardcover*[15]、阿普尔的 *Livable Streets*[16] 等著作针对此类城市街道进行了深刻的探讨，并达成一定的共识，即街道是具有流动和通行功能的道路空间，同时也是重要的城市公共空间 / 公共场所；在这一空间内，人们可以从事旅行、散步、会面、社交、休闲、餐饮和购物等各种各样的活动。可见，城市街道从属于城市道路，但街道的公共活动空间属性使其区别于一般道路的纯交通属性[17]。正是基于这一独特属性，使得城市街道成为游客认识和体验城市环境的主要途径。

依据街道在城市中的地位、功能和作用，通常将城市街道划分为快速路、主干道、次干道和支路；依据街道两边的用地性质，可将城市街道分为商业街道、居住街道、行政办公街道、混合型街道等[18]。张云（2016）将城市街道分为观光与商业街道、公园及风景区街道、生活与交通街道和主要交通性街道四类[19]。Bornioli（2018）认为历史街道、现代街道、混合街道、商业街道和公园街道五种街道是城市中心环境的典型代表[20]。城市街道的分类复杂且多样，往往难以用某个标准统一划分。本研究主要关注的是游客群体在城市旅游中经常参观游览的城市街道，以及街道景观对游客体验的影响，因此考虑从城市街道景观这一角度来确定本研究中城市街道的类型。同时，以往的研究已经表明，建筑、自然和机动交通是城市街道中影响游人感知的主要景观因素[21]。因此，本书主要关注以历史建筑为主的历史街道（有少量机动交通和非机动交通）、以现代建筑为主的商业街道（有大量机动交通）、纯步行的公园街道（没有任何机动交通）三种典型城市街道。

2.1.4 街道景观定义及特征

　　景观（landscape）是一个综合性的概念，从不同的研究视角出发，学者们对其解读方式各异。"景观"一词最初在于强调视觉美学方面的内涵，随后转向反映人、地方和自然之间的综合关系，其整体性和综合性决定了其具有社会、经济、文化、美学等多重价值，并可成为实现多重目标的重要媒介和载体[22]。街道景观是城市街道的重要组成部分，是城市文化传播和延续的途径，也是游客认识和了解城市的窗口。Torbay（2007）发布的街道守则中将"streetscape"定义为街道空间中各种元素的视觉图像，例如人行道、自行车道、公共交通站点、阴影区域、道路中位数、路灯和标牌[23]。随后，国内学者文增（2008）在《城市街道景观设计》一书中对"城市街道景观"进行了如下定义："从城市的空间的角度而言，城市街道景观泛指由实体建筑结构围合的室内景观空间以外的一切街道区域的景观形态，如外部庭院、街道、河岸、游园、广场、绿地等可供人们日常活动的空间"[24]。芬克（2014）在《城市街道景观设计》（*Urban Streetscapes Design*）中则提出，城市街道景观是街道的重要元素，包括道路、开放公共空间、建筑肌理、照明、街道设施、引导标识以及其他一切用于营造街道身份的元素，简言之，街道景观就是我们在街道上所看见的一切[25]。从这些定义中可以看出，现有研究重点突出街道景观的视觉特征，但街道景观作为景观的一种具体类型，其本质上仍然是一个反映人、地方和自然关系的综合体。因此，本研究关注的街道景观主要指包括自然或人造环境在内的客观存在的、拥有显著视觉特征的街道景观要素，以及其他一切能够涵盖街道空间、设施及人文精神等多种特征的综合体。

　　关于街道景观特征，学界一直没有对其进行概念化定义，但相关研究主要从街道景观客观特征和感知特征两个维度展开。街道景观客观特征主要以视觉认知为基础进行特征描述，常借用计算机视觉领域中的"图像语义分割"方式对其进行量化；街道景观感知特征则是从传统的关注街道景观要素，转向关注人在街道中的空间体验与综合性感受[26]。如 Jung 等（2017）研究发现通过改善城市街道景观客观特征（路灯或树木存在、街道窗户比例、街道家具数量），可以提升街道使用者的满意度和街道活力[27]。陈崇贤等（2018）则从街道景观内容构成及其景观品质评测两方面探究城市街道景观特征与行人情绪感受的关联性[28]，前者是研究者对街道景观客观特征的量化，后者则是街道使用者对街道景观感知特征的评估。因此，本书中的街道景观特征主要包括街道景观客观特征和游客视角下街道景观感知特征。

2.1.5 水景观定义及类型

关于水景观环境恢复性的相关研究，国内学界并无对水景观的明确定义，国外大部分研究将含有"水"元素的环境作为水景或水景观进行研究[29, 30]。水景观是园林学概念，亦可称为水体景观（water body landscape）。根据《中国大百科全书》所述，水体是江、河、湖、海、地下水、冰川等的总称。常见的水体景观按性质分为江河型、湖泊型、瀑布型和泉水型。研究表明水景形态是影响情绪的主要因素，水景观依据自然界中水生态循环过程大致可分为四个基本形态，即流水、落水、喷水、滞水[31]。由于喷泉景观容易受到时空限制，城市湿地公园和峡谷景区并不一定存在喷泉景观，因此本书中所涉及的水景观类型不包括喷泉，仅按照流水、落水和滞水三种类型对比城市湿地公园和峡谷景区的异同。

2.1.6 短期工作投入度

Schaufeli 等（2002）认为，工作投入是一种与工作相关的、积极的、充实的精神状态，包括三个维度：活力（vigor）、奉献（dedication）、专注（absorption）[32]。活力指在工作中精力旺盛，心甘情愿地投入工作，不畏困难；奉献指对工作富有热情、灵感、自豪和挑战，包含质和量两方面的投入，因此是一种深度投入；专注指在工作时全神贯注，达到忘我的境界，以至感觉不到时间的流逝，并且在工作时感觉非常快乐。本书中所涉及的短期工作投入度是指在较短一段时间内的一种与工作相关的、积极的、充实的精神状态。

2.2　文献回顾与评述

2.2.1　恢复性环境相关研究

1. 恢复性测量

Hartig 等（1996）基于注意力恢复理论编制了恢复性感知量表（PRS）[33]。PRS 是第一份恢复性环境测量问卷，四个维度分为远离、魅力、延展和兼容性，与注意力恢复理论维度划分相一致，共有 16 个项目。这份问卷成为后续该领域广为使用和相关量表开发的基础问卷。Hartig 等在 1997 年进一步修订了 PRS，同样分为四个维度，同时将测量项目从 16 个增为 26 个 [34]。Laumann 等（2001）认为 PRS 的"远离"（being away）维度可进一步分为新奇（novelty）和逃逸（escape），对 PRS 进行修订 [35]，修订后的量表包含 22 个项目。Herzog 等（2003）把此量表命名为"恢复性成分量表"（Restorative Components Scale，RCS）[36]。黄章展等（2008）以山景景观为例，参考 Hartig 等（1997）所修正的恢复性感知量表（PRS），加入无形延展（extent）测量项，修订为三个维度 9 个测度项的恢复性环境量表 [37]。叶柳红等（2010）编制博物馆的恢复性环境量表，包含四个维度 [38]。Pasini 等（2014）基于注意力恢复理论四个要素开发出 PRS-11 量表，采用验证性因素分析（Confirmatory Factor Analysis，CFA）对来自意大利语和英语的样本数据进行分析，比较了 5 个模型的效果，得出一个与受试者性别和国籍无关的量表 [39]。由于环境的恢复作用对生理和心理都具有显著性效果，所以量表并不是测量环境恢复性效果的唯一工具。目前已有研究中所用到的生理测量指标有肌电值 [40]、功能性磁共振成像（fMRI）[41]、唾液皮质醇浓度、心率（或脉搏率）[42, 43]、血压和血糖 [44, 45] 以及脑电图事件相关电位（EEG）的 α 和 β 波 [30, 46] 等。

2. 不同景观恢复性对比研究

该领域国外研究成果较多，早期通过场景分类来对比不同景观的恢复效果。Korpela 等（2008）以单独还是结伴旅行为自变量，以恢复性感受为因变量建立模型，研究发现该模型对广泛使用的自然环境的解释力是最高的，其次是水景，最后是运动和活动的地方 [47]。Lee 等（2009）通过 3 天的实地实验收集了 12 名 20 多岁日本男性的生理和心理数据，对比森林景观和城市景观的恢复效果 [42]。Grassini 等（2019）以图片形式向被试者展示城市风景和自然风景，并进行脑电图记录和放松的自主评价，结果表明自然风景图片比城市风景图片更令人放松，与城市环境相比，对自然环境的视觉感知需要较少的注意力和认知处理 [30]。后来要素变量控制下环境恢复性效果对比的研究逐渐增加。Martens 等（2011）以是否人为修整为变量，将城市森林分为两类进行对比 [48]。White 等（2010）则量化了水生环境的比例，发现了水在自然和人造场景中对恢复性的重要影响 [29]。Deng 等（2020）按景观要素分类研究城市公园不同景观组合的恢复效果 [44]。

陈聪等（2011）考察自然环境、运动娱乐环境、日常城市环境以及城市夜景四种不同性质环境的恢复效果 [49]。结果发现有意注意的恢复效果从高到低依次是城市夜景、自然环境、运动娱乐环境和日常城市环境，前三种环境的恢复效果显著高于日常城市环境，自然环境和城市夜景优于运动娱乐及城市环境。张俊彦和万丽玲（2000）以肌电值为测量方法，发现受测者对不同城乡景观在"注意力恢复能力"的心理感受程度上，自然景观为最高，农村景观次之，而都市日常生活空间最低 [40]。国内也逐渐开始对拥有共同特性的某类景观进行分类和环境恢复效果对比研究，叶婉柔和欧圣荣（2013）比较四种不同类型的水体（流水、落水、喷水、滞水）大、中、小三种尺寸的水景照片的注意恢复特质差异 [31]。邢嘉欣（2019）对比了北方医疗环境中不同植物景观叶色恢复效果 [50]。刘雯华（2019）对比了不同森林景观结构空间对大学生恢复性的影响 [51]。此外在环境恢复性的关系研究方面，主要集中在游客偏好 [29, 52-55]、地方依恋[49, 56-58]。而且环境恢复性的研究已渗入旅游领域，其与满意度和行为意图关系研究[59, 60]尤为典型。

2.2.2 水景观旅游相关研究

1. 水景观旅游资源研究

水源是人类赖以生存的重要资源，对生命的作用不言而喻。而水生环境作为景观资源对人类精神健康的裨益远没有那么外显。事实上，自远古时期起对水生环境的尊崇在东西方文明中就普遍存在。延续至今，一些特定的水生环境仍然承担着重要的神圣精神性，例如印度的恒河、中华民族的母亲河黄河所承载的文化认同感等。从生存意义与文化崇拜的层面似乎可以解释人们对水生环境及水景观的天然偏好与选择倾向[29]。随着旅游恢复需求的增长，水体作为游憩资源越来越受关注，相关研究在特定水生环境之外继续寻找着广泛水景观共性价值与力量[61-63]，水景旅游目的地所具有的游客吸引力引起关注。水景观具有优美的生态环境特征，对人们有很强的吸引力。各种形态的水体在地质、气候、生物及人为等因素配合下形成水景观。具体到旅游情境，水景是重要的旅游资源，包括海洋、河流、湖泊、瀑布、喷泉等类型。探讨水景观与旅游的关系，按照定义"凡能吸引旅游者进行到访参观、度假康养、游览体验的水体资源都被视为水域风光类旅游资源"。可以认为，水景观是宝贵的旅游资源，可以作为核心吸引物单独成景，也是各类景区的重要构景要素。水景观广泛存在于各种环境，按照二分法可以归纳为城市人工建成环境下的水景观与自然环境下的水景观两种类型。城市湿地公园、滨水景观等为人们提供了便利的水景观旅游资源，而自然环境下的水景观对城市游客而言更具有野性魅力。因此，以水景为核心的景区以及包含水景观的景区景点往往成为人们出游的选择。Luttik（2000）考察了荷兰几个地区的房价，得出的结论是，在其他条件相同的情况下，人们愿意为有水景的房子多付8%~12% 的费用[64]。Lange 和 Schaeffer（2001）对苏黎世酒店客房经济进行实证研究，发现能看到湖面的房间比能看到森林的房间价格高出约 10%[65]。英格兰报告（2009）显示，在英国，每年有近 2.5 亿人次前往海岸，1.8 亿人次前往其他水生环境，如河流和湖泊 [66]。以上研究结果证实水生环境具有非凡的休闲娱乐价值，含有水域景观的旅游景区更具吸引力，且对游客出游选择与行为模式存在影响。

2. 水景观环境恢复性

有关水景观环境恢复性的探讨在环境心理学、景观设计、城市规划等领域已取得较多成果。多数研究都将水景作为构成环境的要素或景观类型进行研究，指出水景具有突出的环境恢复性贡献。White 等（2010）为探明水生环境具有重要的环境感知价值，通过问卷调查获取被试对含有不同比例水生特征环境图像的偏好与恢复性感知数据，结果表明含有水的自然与人工建成场景图像都具有更高的偏好与恢复性 [29]。Tang 等（2017）使用问卷和功能磁共振成像技术进行实验研究，将被试随机分配到几个组，观看城市、山区、森林和水景四种类型的景观环境，通过比较分析研究不同类型景观之间可能存在的恢复性差异，发现水生景观类型是所有视觉刺激中恢复效果最好的 [41]。彭慧蕴等（2018）研究了城市公园对居民身心健康和活动水平的恢复性影响机制，指出观测变量中的"水景优美、观赏性强"在环境恢复特征的自然因子中路径系数最高，也是对居民恢复性最具影响力的因素 [67]。前人研究已表明水环境具有较强的恢复性，能够对人产生更积极的影响，人们对水景观环境也具有更高的偏好。然而，目前尚未发现有针对水景观环境对人体心理生理影响驱动因素的进一步研究。本书尝试从影响游客旅游恢复性体验的水景观类型出发，探究环境恢复性的影响因素。水景观环境的动静形态是水景观类型研究中的重要内容 [68]。叶婉柔等（2013）根据前人研究经验将水体分为流水、落水、喷水、滞水四种形态，又分别对应大、中、小尺度，分析了不同形态尺度水体对人体心理感受的影响。研究发现被试对不同形态、尺度水体的心理感受不同，其中，各类型中的中尺度水景照片都具有较高的环境恢复性，而滞水在所有水体形态中环境恢复性效果最好 [31]。本书相关章节依据叶婉柔等

（2013）的水体分类方法择选水体照片，由于喷水景观在自然状态下并不多见，不列为比较对象，本书重点探究流水、落水、滞水三种形态的水景观在自然与人工建筑环境中对人的心理生理影响。

2.2.3 旅游恢复性的相关研究

恢复性一直是环境心理学的研究热点，随着公众健康需求日益增长，恢复性逐渐被休闲学、旅游学、风景园林学、健康地理学和城市规划的学者所关注[69-73]。相比于日常生活环境中居民群体的恢复性研究[69, 70, 74, 75]，旅游领域的学者通常在旅游情境中关注目的地环境对旅游者恢复身体机能、缓解疲劳方面的作用[73, 76-80]。旅游中关于恢复性的研究主要包括以下几方面。

1. 旅游恢复性感知测量

游客与旅游目的地环境的交互体验是旅游整体过程中最重要的部分，因此学者们开始探索目的地环境本身所具有的身心恢复潜能。研究集中于对目的地环境恢复性特征的探讨，从最初的恢复性感知量表（PRS）、恢复性成分量表（RCS）、感知恢复性特征量表（PRCQ），到适用于旅游目的地恢复性质量感知量表（PDRQ），以及中国文化背景下的量表修订，游客旅游恢复性知觉量表在此间经历了较完善的发展。尽管不同研究之间有所出入，但心理远离（being away）、物理远离（physically away）、兼容性（compatibility）、延展（extent）、魅力（fascination）、新奇（novelty）这 6 个维度是较为公认的环境恢复性感知维度。学者们将目的地恢复性机制归因于环境恢复性知觉维度之间的关系与作用[73]。还有学者探索了目的地环境恢复性与游客体验质量、满意度、行为意向等变量的关系，显示出游客旅游恢复性效应在旅游活动过程以及旅游者行为研究中的重要意义。然而无论是开发恢复性量表、讨论恢复性维度还是研究恢复性与其他变量的关系，都是依赖于游客主观的感知评价，无法深入考察游客心理感受以外的生理、行为等方面的恢复性反应，研究缺乏客观性。Lehto（2013）最早将环境心理学的恢复性环境理论引入旅游情境，并编制出旅游目的地环境恢复性感知量表（PDRQS）测量游客感知恢复性，证实了旅游地在促进人们从工作和压力中恢复的重要作用[73]。郭永瑞等（2014）则基于目的地环境恢复性感知量表（PDRQS），从一致性（coherence）、新奇（novelty）、魅力（fascination）、逃逸（escape）和兼容性（compatibility）5个维度探讨了九寨沟自然旅游地游客感知恢复性的特征及其差异，并检验了恢复性感知维度之间的影响关系[79]。随后，Lehto（2017）和Chen等（2017）分别在跨文化视角下检验了目的地环境恢复性感知量表在中国旅游情境中的适用性。在Lehto等（2017）的研究中，之前的6个维度均被认为适用于测量游客感知恢复性[80]；然而，Chen等（2017）的研究发现，"不一致"这个维度的信度和效度远低于统计学要求，这可能和中国文化追求"中庸之道"而非"非黑即白"有关[78]。此外，Lehto（2017）的研究还发现，受到文化不确定性倾向的影响，中国游客通常认为自然环境需要付出更多努力才能保持舒适，这可能会引起疲劳感并抑制感知恢复性，因此城市旅游被认为更能缓解压力、提升恢复性[80]。借助心理生理学方法研究恢复性效应在环境心理学、景观设计等学科中应用较广，但其在旅游研究中的应用相对新颖。旅游学研究中的营销主题较早引入心理生理实验方法。Li等（2015）对旅游体验中的情感测量方法进行了对比研究，运用自我报告量表和心理生理学测量方法探究了潜在游客在观看不同类型广告时的情感反应与行为意向[81]。相关研究还有，Hapairai等（2018）基于皮电和问卷调查探究了旅游广告在降低游客对于政局动荡地区的风险感知的有效性[82]；Bastiaansen等（2018）利用心理生理实验方法探索了虚拟现实技术对旅游目的地营销推广的帮助[83]；Boz等（2017）利用眼动实验方法进行了旅游定价心理学研究[84]。此外，心理生理数据还被用于验证及补充传统调研数据（问卷、访谈）[85]。Stadler等（2018）指出生理数据（如皮肤电反应、肌电反应、脑电数据等）能够记录实验任务的全过程，因此可以通过识别生理反应的峰值来提升自我报告

（如访谈）的有效性 [86]。

有关自我报告与心理生理测量是否具有一致性的研究也广受关注 [87~90]。然而，对于测量方法是否具有一致性的问题目前并无定论。因为研究结果会因所使用的生理测量方法以及研究对象不同而有所不同。例如，Li 等（2017）质疑自我报告数据所显示的情绪反应和广告效果之间的关系可能被高估，因为在部分广告场景中并没有发现生理测量（该实验所使用的是肌电反应和皮肤电反应）和广告效果之间存在联系的证据 [91]。另外，采用不同的心理生理学方法得到的个体反应也存在差异 [92, 93]。从理论和方法的角度来看，心理生理学在旅游学中的应用仍在发展。

2. 影响游客感知恢复性的相关影响因素

陈钢华等（2019）以海滨旅游度假区为研究对象，发现环境满意度和气候满意度均对游客感知恢复性的 5 个维度（兼容性、延展、心理远离、物理远离和魅力）存在积极正向影响 [94]。Kirillova 和 Wang（2016）基于注意力恢复理论和社会存在感理论，验证了旅游过程中游客在使用手机的不同情况下（与工作相关和与工作无关）所获得的社会临场感和频率对游客感知目的地环境恢复性的调节作用 [95]。Huang（2021）通过一项增强现实情境旅游实验，研究了增强现实的环境嵌入和模拟控制特征对游客旅游恢复性体验的影响，结果表明环境嵌入和模拟控制能够使游客产生恢复性体验，并进一步促进沉浸感，最终提高人们的支付意愿 [96]。

解析旅游恢复性影响因素是恢复性研究的重要内容与热点问题 [97]，也是揭示恢复性体验机制及整体旅游体验规律的必由之路。以下将从国内外旅游学界及环境心理学领域对恢复性影响因素的相关研究进行系统梳理。

目前国内对旅游恢复性影响因素的讨论主要涉及对恢复性感知存在影响的相关变量以及多变量复杂影响路径的研究。涉及的影响因素变量包括对目的地环境空间的偏好、依赖、满意度等感知评价。环境偏好被认为与环境恢复性评价之间存在强大关联。情绪恢复是恢复反应与恢复性知觉的重要内容之一，而恢复性环境能够诱发人们的喜爱之情，实证研究表明自然环境比城市环境更能诱发出偏好情感 [98]。刘群阅等（2017）以福州国家森林公园为例，通过问卷收集了环境偏好、环境恢复性评价、健康效益评估三方面的游客感知数据，并建立变量模型，经统计分析证明了环境偏好对环境恢复性评价存在正向影响，环境恢复性评价与健康效益评估之间也存在正向关系 [99]。还有学者研究了场所依赖、场所认同对环境恢复性知觉的影响，其以城市公园为研究对象，通过实证研究验证了游憩者场所依赖与环境恢复性知觉之间存在正相关 [100]。有学者以福州温泉公园展开恢复性实证研究，通过问卷收集数据，考察绿地景观知觉自然度（自然属性感知、自然空间感知、自然形态感知）对环境偏好的影响，进一步探索环境偏好对环境恢复性知觉的影响，并谈论场所依赖与场所认同在其中的中介效应，最终证明了"绿地景观知觉自然度—环境偏好—场所认同—环境恢复性知觉"的复杂影响路径 [101]。此外，陈钢华等（2019）以海滨旅游度假区为研究对象，基于游客感知评价，得出环境满意度与气候满意度对旅游地环境恢复性知觉具有正向影响 [94]。党宝欣等（2020）对森林游憩环境的恢复性评价影响机制进行实证研究，发现气候舒适度感知与环境恢复性评价之间存在正相关 [102]。

近年来，国外开始研究社会特征对环境恢复性的影响。Staats 和 Hartig（2004）探索了社会环境和环境偏好不同心理恢复需求对环境恢复性的影响，组织 106 位被试开展在模拟环境中观看图像的行走实验，使被试想象自身正单独出游或结伴出游，处于疲惫不堪或精神焕发的状态。观看在森林或城市中心模拟漫步的幻灯片后对步行恢复性及安全性进行评估，结果发现注意疲劳与出游方式都对游客环境性感知有影响，疲劳增加时人们对自然环境的偏好超过了城市环境，结伴出游增强了环境安全感知，对恢复性感知有正向影响，而当环境具有安全感时，单独出游更有助于增强恢复性感知 [103]。Berto（2007）以老年人群体（62~93 岁）为实验被试，与先前两项研究中的中青年群体（18~29 岁）与青少年群体（11~14 岁）进行比较分析，探讨年龄对环境恢复性感知评价的影响，结果表明不同年龄群体都对自然环境显示出更高的偏好度与熟悉度，但相对其他年龄段，青少年群体对自然环境的偏好与熟悉度相对较低，并且只在老年群体中发现了环境熟悉度与环境恢复性感知的相关关系[104]。Korpela 和 Ylén（2008）对城市游憩者进行随机问卷调研与邮件调研，共收集 1089 份样本，调研人们在"自己喜欢的地方"（距离居所 15 千米内）的恢复性经历的影响因素，发现个体恢复体验与到访时长、到访频率、对自然的偏好、生活满意度等相关联[47]。Cole 和 Hall（2010）研究了环境拥挤感知、到访频率与停留时长对游客环境恢复性感知的影响，发现心理恢复并没有随着拥挤程度和到访频率的变化而显著变化，但长时间的旅行对游客体验环境恢复属性有所帮助[105]。

3. 恢复性感知对游客满意度、行为意愿和幸福感的影响

Cho 等（2016）以韩国西陵神社文化遗产旅游地为例，研究了游客感知恢复性、情绪康复、满意度和重游意愿之间的因果关系，结果表明，情绪康复和感知恢复性的两个维度（兼容性、魅力）都会影响游客满意度，但感知恢复性中魅力维度的影响更大[77]。陈钢华和奚望（2018）以广东南昆山森林山地旅游度假区为例，检验了游客环境恢复性感知对满意度和游后行为意向的影响，结果表明，恢复性感知的魅力维度和兼容性维度对游客满意度、行为意愿均存在积极影响[106]。Chen 等（2014）对 1139 名有过旅游经验的游客进行在线调查，发现旅游体验能够有效缓解压力，并且旅游体验的四个维度（放松体验、掌握体验、控制体验、心理脱离）对生活满意度均存在积极的影响[76]。黄杰等（2022）以喀纳斯为案例地，发现游客旅游恢复性感知对游客行为意向的影响过程表现为"环境刺激认知—情感—意向"三阶段传递机制[107]。

4. 不同类型旅游目的地的环境恢复性

吕婷（2018）研究了自然景观和历史人文景观对女性游客情绪恢复的影响，发现对于女性游客而言，外出旅游均能调节并改善其情绪状态，但自然景观和历史人文景观改善女性游客情绪状态的作用路径不同[108]。朱芳等（2020）在游客—环境互动视角下研究环境类型与恢复性效应之间的关系，发现旅游目的地环境的

阈限体验功能带来的宏观恢复效应，强于日常生活环境非工作时间休闲体验的元恢复效应[109]。

现有研究已经证实了旅游目的地环境相比于日常生活环境更具有恢复性，但恢复性研究在旅游领域中尚处于起步阶段，仍存在以下不足：测量方式上以自我报告式 PDRQS、PRS 等为主，存在主观偏差的局限，较少引入更为客观的生理测量技术；测量内容主要通过游客旅游恢复性的感知维度来表征，较少从情绪、压力等方面进一步探讨；研究情境以单一的自然类旅游地或文化遗址类旅游地为主，虽然 Lehto 等（2017）[80] 和朱芳等（2020）[109] 的研究都表明中国游客在城市类旅游地感知的恢复性更高，但没有深入探讨城市旅游建成环境中公共空间（如街道）的恢复性。

5. 个体与环境交互作用下的恢复性效应

恢复性产生于个体与环境的交互体验过程，而涉及因素交互的旅游恢复性研究并不多见。随着环境恢复性研究的发展，我们逐渐认识到空间环境、社会特征与户外活动行为的特定组配影响着环境恢复性体验，任何一方的要素变动都可能引起整体恢复性效应的变化。Morton 等（2017）通过情境实验研究了身份特征对环境恢复性知觉的影响，研究表明自然和城市环境都具有恢复潜力，且不同环境的恢复潜力至少部分是由个体身份相关的心理认知过程决定的，并建议在后续研究中采取更细致的方法来分析接触恢复性环境可能带来的身心恢复益处[110]。

通过梳理前人研究成果，我们发现旅游学界多采用实地调研或抽样调研的形式，以某一典型景区或地方作为案例地展开游客旅游恢复性研究，缺乏旅游目的地环境类型之间的对比研究；恢复性测量手段较为单一，多采用 PRS、CRS 等恢复性知觉量表等自我报告形式数据，而自我报告数据（问卷、访谈）实质上是基于游客回忆与主观感受的，其信度和效度一直备受质疑，也无法测得生理、行为以及潜意识层面的恢复性结果。而环境心理学、景观设计等学科涉及旅游恢复性的研究，主要关注的是具有身心恢复作用的游憩景观或环境特质，通过量化影响恢复性的环境因素，得到不同要素水平与个体心理生理恢复性指标之间的关系，研究意义最终回归指导提升与优化恢复性环境本身。

然而旅游目的地环境恢复性特征与对游客产生的恢复性效应是不可分割的。现有研究中极少有结合游客—环境的恢复性探索。仅吕婷（2018）借助心率和脑电两种生理数据及情绪量表，通过 2（情绪诱发：消极情绪 / 中性情绪）×2（自然景观 / 人文景观）实验设计，比较了自然与人文景观对处于不同情绪状态下的女性游客所造成的情绪恢复影响。朱芳等（2020）借助实验的研究方法，从游客—环境的互动关系出发，对 2（环境：旅游目的地 vs 日常环境）×2（目的地类型：城市旅游地 vs 乡村旅游地）×2（停留时间：大于 4 天 vs 小于 4 天）三因素进行重复测量方差分析，借助回顾性量表问卷调研了人们在不同环境中的恢复性感知，得出旅游目的地更具恢复性体验，且停留时长在城市与乡村两种类型旅游目的地的恢复性效应中发挥调节作用[109]。

对于游客恢复体验研究，其前提假设是游客处于心理疲惫或压力伴随的消极状态下，产生恢复性需求，渴望通过参与旅游活动来摆脱负能量。与之相反，如果在日常生活中保持身心愉悦、精神轻松，减压就不会成为外出旅游的重要动机。因此，旅游减压动机源于旅游者压力的不断积累与精力消耗，这也暗示着游客可能处于不同压力状态。压力水平是否会导致不同的恢复性需求并对游客旅游恢复性产生影响尚缺乏科学验证。我们从心理学中有关压力与恢复性反应机制的研究中寻找到以下证据。Ottosson 和 Grahn（2008）研究发现当人们处于高压力状态时更倾向于独自在自然空间中活动，结伴出游远低于单独出游所带来的恢复性体验[111]。Stigsdotter 等（2010）指出心理压力较高的城市居民与普通群体对于访问自然景观的动机存在差异，前者希望在自然环境中获得减压、放松的恢复性体验，后者则更多出于社交、运动等目的[112]。Roe 和 Aspinall（2011）指出人们的环境恢复性知觉可能各不相同，他们设计了两项实验（情绪恢复与认知恢复）来比较在城市和农村环境下散步活动对心理健康状况良好和较差的两组成年人的恢复益处，发现无论是心理健康良好组还是较差组，与城市散步相比，乡村散步都更有利于被试情感和认知恢复，但健康状况较差组发生的积极恢复性变化更加显著，研究结果证明了环境对不同心理健康状态个体的恢复性知觉存在影响差异[113]。本书试图在旅游情境下探讨处于不同压力状态的游客在观看水景观图片时，其恢复性反应是否一致，并探讨压力状态和水景环境类型在其中的交互作用。

通过文献可知，旅游目的地环境恢复性研究采用单一的环境恢复性知觉作为评价标准，对于游客旅游恢复性反应的认识不够全面，缺乏对恢复性机制的进一步探讨。因此，本书采用情境实验研究方法，运用心理生理多种指标度量游客旅游恢复性效应，考察旅游目的地环境对游客身心恢复的作用机制。实验方法无法模拟长时间跨度的旅游假期恢复性体验，更适用于研究旅游目的地环境引发的恢复性刺激。本书将研究对象旅游目的地的范围进一步缩小到水景旅游地和城市街道，侧重于研究不同类型水景环境和街道对游客旅游恢复性的影响作用，使研究结论更加细化，能够对景区和城市建设起到切实指导作用。

2.2.4 情绪与工作投入研究

1. 压力缓解理论与工作的相关研究

最初 Ulrich（1979）对比自然环境与城市景观发现，与城市景观的影响相比，接触自然能显著增加积极性，包括情感、友好、有趣和高兴的感觉，压力大的人在接触自然场景后感觉明显更好。而城市景观不利于人们的情感健康，显著增加悲伤，加剧愤怒的感觉[114]。随后在 1981 年的研究中通过生理和心理数据进一步证明自然景观比城市景观拥有更好的恢复效果[115]。同时，Ulrich 开始思考自然对人们的审美和情感的影响，提出压力缓解理论[116]。1991 年，Ulrich 通过压力诱发实验获得的生理和心理数据证明如果个体受到压力，与大多数不具威胁性的自然环境的接触将减轻压力，而城市环境将阻碍恢复[117]。该研究验证压力缓解理论的相关假设，使得 Ulrich 关于恢复性环境理论的一系列研究形成较为完整的压力缓解理论。

　　该理论促使大量学者研究考察真实的自然环境对特殊人群的压力恢复作用，确有研究表明绿色的自然环境有利于身体和心理健康[118, 119]，能帮助病人减少焦虑和痛苦[120]。此外，该理论还促进了康复治疗和城市设计研究的发展。Hitchings（2010）通过定性的方法来研究伦敦金融城专业人士的日常行为和研究对象能接触到的办公室周围的各种公园和花园，给出城市绿地的建设意见[121]。此外，对健康方面的研究焦点有相当一部分集中在森林景观上。Lee 等（2009）对比了森林景观和城市景观对人们生理和心理的影响，提出真实森林景观可能缓解压力、帮助自主神经系统放松和增加积极情绪的观点[42]。Sonntag-Öström 等（2011）检验了瑞典北部的北方森林是否可以用于从压力相关的疲劳中恢复，发现独处和有光的森林环境被认为是恢复的积极因素[122]。Stigsdotter（2017）确定森林环境的哪些品质和感知感官维度（PSD）具有心理恢复作用，研究成果能够指导营造利于健康的环境[123]。

　　基于压力缓解理论的国内相关研究较少，李晓龙（2010）基于心理恢复的视角，研究店铺外部环境对初始印象的影响[124]，朱晓玥等（2018）综述了基于压力恢复作用的城市自然环境视听特征研究进展[125]。

　　虽然关于压力缓解理论的主要研究成果集中在健康和心理治疗领域，但仍有不少研究表明恢复性环境在人们的工作空间中会产生积极作用，如缓解压力、减少愤怒等消极情绪、提高工作效率等。即使是办公室的景观海报[126]和办公室窗景[127]也会对人们在工作中的生理、情绪和压力产生影响。而工作场所的室外环境也与工作之间存在联系，Lottrup 等（2012）认为久坐不动的办公室工作需要绿色的户外活动来减少压力[128]，其对瑞典 439 名随机选择的参与者问卷调查后分析发现，对于男性受访者来说，身体和视觉上接触到工作场所的绿色植物，与积极的工作态度和压力水平的降低之间存在显著的关系；在女性受访者中，工作场所绿化率与积极的工作态度之间存在显著关系，但与压力水平之间没有显著关系[129]。Korpela 等（2017）在研究中发现，在自然环境中进行业余体育活动可以增强员工活力，虽然没有明确数据证明自然环境与工作相关指标之间存在相关关系，但仍能发现自然环境和生活空间的绿化对员工存在积极影响[130]。

2. 情绪与短期工作投入度的相关研究

随着积极心理学的发展，个体对本职工作的积极主动的态度，乐观、创造力和投入等积极品质越来越受到关注。工作投入（work engagement）作为职业健康评价指标，研究的目的是帮助人们实现从消极到积极、从倦怠到投入，有效促进个体自我发展，提高工作绩效和生活满意度[132]。

由于工作投入与工作倦怠（job burnout）对立，工作投入的定义总是与工作倦怠相提并论。Maslach 等（2001）认为工作投入和工作倦怠是与工作相关的健康状态的连续体的两端，二者的内在维度是一致的，倦怠是员工在工作投入的过程中逐渐被侵蚀和消耗的结果，精力由旺盛变为衰竭，对工作的态度由卷入变得疏离、冷漠，职业效能逐渐降低[133]。因此她认为工作投入包含能量、卷入和效能三个维度，恰好和倦怠的三个维度（情感衰竭、非人性化、个人成就感降低）对立。而 Schaufeli 等认为倦怠和投入是员工工作幸福感（well-being）的两种原型，员工幸福感包括两个维度：激活（activation）和快乐（pleasure），倦怠的特征是低的激活和快乐，而投入的特征则是高的激活和快乐。2002 年，Schaufeli 等对工作投入进行重新定义，认为工作投入是一种与工作相关的积极的、充实的精神状态，包括三个维度：活力（vigor）、奉献（dedication）、专注（absorption）[32]。

Fredrickson（1998）的积极情绪"拓展—建构"理论是情绪与短期工作投入度研究的理论基础[134]。有明确研究表明：积极情绪对短期工作投入度有正向影响，消极情绪对短期工作投入度有负面影响。Bledow 等（2011）收集了 55 名软件开发人员在 9 个工作日内每天两次的关于情感事件、情绪和工作投入的数据，研究发现积极情感和积极心境对当天工作投入有积极的促进作用。国外相关实证研究也表明，个人在工作日体验到的积极情绪与后期的工作投入呈显著正相关，而负面情绪则与后期的工作投入呈显著负相关[135]。例如，Ouweneel 等（2011）在一项间隔 4 周的实证研究中发现，时间 1 的积极情绪能够显著预测时间 2，即4 周后的学习投入[136]。Ouweneel 等（2012）研究表明，前一天积极情绪能显著预测第二天下班时工作投入的三个维度，而且积极情绪的体验会间接地影响人的活力、奉献精神和对希望的吸收程度[137]。Burić等（2018）以克罗地亚各公立学校的941名教师为调查对象，发现在第一时间点报告快乐、自豪和爱等正面情绪水平较高的教师，在随后的评估中更倾向于投入工作。消极情绪与工作投入之间的关系呈现出相反的方向：在第一个测量点经历更多愤怒、疲劳和绝望的教师，在第二次评估时也较少投入。而且自我效能感较高的教师对学生的工作投入程度更高，对学生的快乐、自豪和爱更多，对学生的愤怒、疲劳和绝望更少[138]。

国内关于情绪与工作投入的研究起步较晚，文献数量较少，不过近年来文献数量增加明显。陆欣欣和涂乙冬（2015）总结出影响工作投入的因素主要包括四个方面：工作相关因素（如工作需求、工作资源），工作外活动（如恢复水平），个体资源（如自我效能感）和情绪[139]。其中，前两个因素相对稳定，通常会在个体间出现较大的差异，而个体资源与情绪的变化幅度比较大，通常表现在个体内变化，对状态性工作投入有较强的预测作用。张淑华和王可心（2017）采用经验取样法，通过对70名高校辅导员连续两周（10个工作日）的调查发现：每日积极情绪正向预测每日希望感；每日消极情绪负向预测每日希望感；每日希望感正向预测当天工作投入；每日希望感在当天积极情绪与工作投入之间起部分中介作用，在当天消极情绪与工作投入之间起完全中介作用[140]。黄庆等（2019）以被妒忌的员工为研究对象，如果被妒忌的员工产生积极情绪，则会增加工作投入，产生的积极情绪在被妒忌与工作投入间的关系起部分中介作用；如果被妒忌的员工产生消极情绪，则会降低工作投入，产生的消极情绪起完全中介作用[141]。郭钟泽等（2019）研究发现积极情绪对工作投入度有滞后影响[142]。刘晓等（2019）以护士为研究对象，调查负面情绪对工作投入的影响[143]。

2.2.5 城市旅游中的街道研究

城市化进程加快，城市旅游是旅游研究的一个重要分支。城市旅游中关于城市街道的研究主要包括以下内容。

一是城市街道环境改造和设计对城市旅游的影响。王洋和张青平（2016）在《街道设施整合化设计与城市旅游形象》一文中通过对国内部分城市街道设施进行调研，基于认知心理学等理论强调了城市街道设施在城市旅游形象生成过程中的重要性，并提出如何通过改造街道设施设计，以推动城市旅游形象的提升，促进城市旅游发展[144]。Gonzalez-Urango（2020）基于网络分析法（Analytic Network Process，ANP）对国际著名旅游胜地 Cartagena 中影响街道行人流动性的主要特征进行评估，并结合地理信息系统（Geographic Information System，GIS）将 ANP 结果进行空间可视化，生成专题地图和行人优先权指数，从而对街道进行重新设计，以增加城市旅游的步行吸引力[145]。

二是历史、公园、商业等某一种类型街道环境对游客行为的影响。Yan 等（2019）研究发现遗产地的街头艺术不仅是一种解释当地历史的方式，其本身亦可作为一种景点[146]。张章等（2019）构建了历史街道微观建成环境要素体系，以影像记录并识别出街道建成环境特征：街道与建筑尺度、临街过渡空间、沿街底层特征、建筑立面构成特征、建筑材质与色彩、商品陈设内容，通过追踪游客与建成环境互动行为，探究出街道建成环境要素对游客步行停驻行为的影响机制[147]。Zhang 等（2020）研究发现绿道/公园街道在促进游客环保行为和可持续发展方面具有显著潜力[148]。

三是旅游地街道景观对居民和游客的影响。Patandianan（2020）确定了印度尼西亚旅游目的地街道景观的六种属性，并基于 IPA 分析法调查了当地居民对旅游城市街道景观属性的态度和偏好，从而对望加锡市政府街道景观管理和改造提出了实践性意见[149]。李渊等（2019）从街道使用体验出发，基于 SD 法获取居民和游客在鼓浪屿旅游社区中的街道体验心理量，结果表明，居民与游客心理量存在显著差异，如居民认为"宽松"的地方，游客认为"拥挤"[150]。

可以发现，街道作为城市旅游中不可或缺的公共开放空间，是游客参与旅游活动的重要场所。但仅有部分学者关注城市旅游中街道尺度的相关研究，且现有研究以某种特定类型街道为主，尚无针对不同类型城市街道的比较研究。"健康城市"是推动"健康中国"建设的重要渠道,"健康街道"则是打造"健康城市"的实践策略。不同于以往研究仅关注城市街道环境设计、游客步行行为或宏观心理体验,本书聚焦于恢复性视角,关注城市街道游览中的游客旅游恢复性体验,以期从健康街道视角助推健康城市及旅游城市建设。

2.2.6 城市街道和恢复性的相关研究

虽然环境心理学已经证实了"恢复性环境通常是自然环境"的观点,但部分学者认为,建成环境的恢复性并不一定低于自然环境,经过精心设计的建成环境的恢复性甚至优于自然环境[69]。例如最早提出"恢复性环境"这一概念的 Kaplan 夫妇除了关注自然环境外,也认为其他一些环境具有恢复性,例如博物馆[151]。Fornara 和 Troffa(2009)比较了城市建成环境中具有特殊"吸引力"的历史遗址和城市公园给人们带来的恢复性,结果表明历史环境可以像城市公园一样具有恢复性,特别是城市环境中那些具备历史、文化、审美等建筑特性的环境也可以使人有积极的体验,更能感受到恢复性[144]。Weber 和 Trojan(2018)对 39 篇以"建成环境和恢复性"为主题的文章进行综述,结果发现不仅城市建成环境具有恢复潜力,咖啡馆、博物馆甚至某些城市街道也具有很大的恢复潜力[69]。

城市街道和恢复性的关系在环境心理学中已展开大量研究,见表 2-1。Bornioli(2018)评估了步行于几种不同城市街道环境所带来的情感结果,并关注这些街道环境中是否存在机动交通和不同历史时期的建筑。研究发现,城市步行环境中机动交通存在消极作用,而历史要素存在潜在益处,整体而言,步行于高质量的建成环境能产生积极的心理影响,即包含自然要素的高质量城市设计区域可能提供等同于大面积绿地所提供的情感益处[152]。广场和街道作为城市建成环境中典型的开放空间和公共场所,Subiza-Pérez 等(2021)在城市广场中进行了一项混合实验,实验表明在广场中短暂停留有助于改善参与者注意力、缓解消极情绪,由此得出城市建成环境中的开放场所(街道和广场)能够带来显著的心理恢复效应的结论[71]。

表 2-1 城市街道—恢复性的相关研究总结

环境特征	心理生理恢复测量	对象	重要结论	文献
植被覆盖密度	皮肤电导水平、唾液皮质醇	成年人	对于男性,植被覆盖密度和压力之间呈倒U形,女性没有显著关系;街道植被覆盖为24%~34%不会导致压力变化	Jiang等(2014)[155]
绿色(荒瘠、草坪、灌木/树木)、复杂度(高、中、低)	7个驾驶参数、视觉模拟量表	中国香港居民	荒瘠和灌木/树木两类景观特征分别引起了参与者最低和最高的恢复效果;中等绿色度和复杂度更有利于驾驶	Jiang等(2021)[156]
建筑的轮廓装饰和层数	感知恢复性量表(PRS)	冰岛居民	低幅度街道阈值(植被、建筑元素的混乱度)对感知恢复性产生积极影响,其中远离(being away)和魅力在二者之间产生中介影响;高层建筑对感知恢复性产生消极影响,其中远离在二者之间产生中介影响	Lindal等(2013)[157]
植被类型(树、草、花)	PRS、环境偏好量表	冰岛居民	自然元素的存在可以促进人们感知城市环境恢复质量;行道树、花的增加能够促进感知恢复性水平增加,其中远离和魅力产生中介影响	Linda等(2015)[161]
绿化模式、街道功能、街道宽度;街道视觉物理要素(PS)	PRS	深圳居民	绿化模式和街道宽度显著影响恢复性路径模型,其中绿化模式是最重要的自变量;街道的不同组织形式,自然植物和座椅的出现能够显著影响恢复性	刘雪鸣(2019)[160]

环境特征	心理生理恢复测量	对象	重要结论	文献
基于眼动仪识别参与者关注的街道元素（绿植、人、墙体、汽车等），并计算其占比	疗愈性量表	工作人群	绿植、人、汽车等是显著影响街道使用者疗愈体验的街景元素。不同街景元素对疗愈体验特征因子影响程度不同，绿植对远离、魅力、延展存在显著影响，人对兼容存在显著影响	殷雨婷等（2020）[162]
栅栏围墙、色彩数量、植被类型、街道干净度、机动车、人行道等 15 项街道景观特征	自评恢复量表（Self-Rating Restoration Scale，SRRS）	在线调查	植被是城市街景恢复质量的重要的自然因素；非机动车、交通标志是影响城市街景恢复质量的两个非自然因素	Zhao等（2020）[153]
绿化品质、建筑品质、路面品质、公共设施、色彩感受、声音感受、文化特色	积极情绪和消极情绪量表	招募参与者	街道景观内容构成及参与者性别、年龄等因素和参与者情绪感受不存在显著相关性，街道景观品质是影响情绪感受的主要因素，但不同街道影响程度有所不同	陈崇贤等（2018）[159]

恢复性环境研究的目的不仅在于识别出哪种类型环境更好，更在于识别出具有恢复潜力的景观特征，从而提高心理健康水平，为健康景观设计提供有价值的指导[153]。街道（street）作为城市重要的开放场所，是人们通行的主要渠道，街道景观特征（streetscape）则是人们感知城市身份和形象的直接来源[154]。在探索出城市建成环境也具有恢复性之后，部分学者开始探讨城市街道景观特征对压力、场景偏好、感知恢复性等心理生理方面的影响。Jiang 等（2014）随机分配被试观看 6 分钟的 3D 街道视频并测量唾液皮质醇和皮肤电导变化，研究发现，街道树木覆盖密度在 7% ~24% 时压力缓解，在 24% ~34% 时不会导致压力发生

变化[155]。Jiang 等（2021）通过模拟 6 种高速公路景观环境，比较了绿色和复杂度这两类景观特征对参与者驾驶表现的影响，结果发现灌木 / 树木这类高绿色水平的景观对驾驶员心理恢复有更积极的影响，但是中等绿色度和复杂度更利于驾驶[156]。

　　除街道自然环境外，一些学者也关注到街道建筑、街道宽度、交通、机动车等景观特征对行人感知恢复、心理健康的影响。Lindal 等（2013）通过构建 145 个模拟社区街道景观模型，研究发现街道两侧建筑越高，街道阈值（街道元素混乱度）越大，人们获得的感知恢复可能性越小[157]。余洋等（2021）则梳理了不同影响路径下街道交通、界面、空间、绿化和设施 5 类空间要素和测度指标，阐释了街道健康影响路径下的特征效用差异[158]。Zhao 等（2020）以中国徐州的 30 张街景照片作为实验材料，基于栅栏 / 围墙、行道树连续性、色彩数量、交通标志等 15 个街道景观特征的客观评价，并通过在线调查测量其恢复质量，构建了街景特征和恢复性之间的关系[153]。陈崇贤等（2018）从街道景观内容构成（图像识别出树木、汽车、绿篱等景观要素标签）及其景观品质评测（绿化、建筑、路面、公共设施、色彩、声景及文化特色）方面，探究了不同街道景观感知特征与人的情绪感受的关联性[159]。刘雪鸣（2019）则提取出街道环境中具有恢复可能性的特征和要素，基于照片模拟法获取视觉感知下行人感知恢复性，并得出影响参与者感知恢复性的街道环境视觉要素[160]。

　　综上所述，街道作为城市重要的公共开放空间，疗愈潜能是其社会价值的体现之一[162]。关于城市街道环境和街道景观特征影响行人恢复性的研究已在风景园林学、环境心理学、城市规划学等领域的论证中得到证实。但非惯常环境下的游客感知不同于惯常环境下的居民感知[163]，在现有街道—行人研究的基础上，进一步细分街道使用者群体，关注旅游活动中"真正的"游客群体，探究街道—游客之间交互具有重要的理论意义和实践意义。

2.2.7　模拟环境和实地环境中的恢复性

基于注意力恢复理论（ART）和压力缓解理论（SRT）探究人与自然环境或建成环境接触所带来的恢复效应一直是环境心理学、风景园林学和城市规划等领域的核心议题。城市化快速发展，许多人只有较少机会甚至无法享受直接接触自然环境的健康益处，因此，可替代的模拟环境成为人们访问自然环境的重要途径。学者们往往通过图片、视频和 VR 等模拟环境来同构实地环境，以此探讨自然环境或城市环境的恢复性效应。Snell 等（2019）对比了自然景观在实时直播和视频录制两种模拟实验环境下对参与者心理和生理恢复的影响，研究表明通过实时直播的方式观看自然景观能够有效改善参与者的定向注意力，并且实时直播组中参与者的皮肤电导（SC）变化速度明显高于视频组和对照组[164]。随着虚拟现实技术的发展，VR 技术逐渐应用到恢复性环境的研究之中。Mattila 等（2020）评估了参与者通过 VR 设备体验森林环境前后的活力、情绪和恢复结果的变化，实验发现在无法访问自然环境的情况下，具有高沉浸感的 VR 技术可以发挥其恢复性功能，即虚拟现实森林环境通常被视为具有实地森林环境的恢复性，并且更有魅力和连贯[165]。尽管虚拟现实能够提供高沉浸感，但虚拟现实技术的专业性、复杂性以及高昂的价格，使其难以普及适用。相比 VR 场景的难以构建和图片模拟的低沉浸感，桌面式虚拟环境（电脑视频）是人们更容易接触的方式，对于社会大众可能更有价值。

近年来，已有大量学者基于视频方式展开环境恢复性研究。如 Zabini 和 Albanese（2020）在新冠疫情期间开展了一项为期 5 天的森林或城市视频观看实验，参与实验的居家人群每天清晨在观看视频前后进行焦虑、压力等感知自评。结果表明，与城市环境相比，观看森林环境可以使人们放松身心，并且焦虑水平得到短期降低[72]。随着人本城市主义的到来，有魅力的建成环境的潜在健康益处也逐渐受到关注[152, 166, 167]。Bornioli（2018）录制了 5 种城市环境的模拟步行视频，在观看视频前后测量被试的情感状态和环境感知，研究表明纯步行的城市环境（历史街道、现代街道和混合街道）和中性或积极的情感效应相关，但与存在机动交通的城市环境（商业街道）的结果呈现显著差异，说明模拟步行于高质量的建成环境能够使人产生积极的心理影响[152]。此外，Bornioli（2018）的研究还发现，尽管一些纯步行城市建成环境仅包含少量自然要素，但模拟步行其中仍有益于心理健康，这说明包含自然要素的高质量城市设计区域可提供等同于大面积绿地所提供的情感益处[152]。

综观现有研究，往往选择模拟环境或真实环境之一作为实验场景。但也有部分学者对比了模拟情境和真实情境中自然环境的恢复效应。Kjellgren等（2010）研究发现，模拟自然环境和实地自然环境都有助于缓解压力，但实地自然环境能够带来更高程度的意识改变并促进心理恢复[168]。Browning等（2021）在最近的一项综述中发现，在关于模拟自然环境和实地自然环境的恢复潜力的对比实验研究中，95%的实验报告表明模拟自然确实具有恢复性，但模拟如何以及在多大程度上能够代替实地自然环境的效应仍然是未知的[169]。此前，Browning等（2020）对16篇模拟和实地相关主题的文献进行综述，考虑到实验测量的标准化作者最终只纳入6篇文献，荟萃分析结果表明，与模拟自然环境相比，实地自然环境更有利于增加积极情绪，但在实地自然环境和模拟自然环境中参与者的消极情绪均显著减少[170]。Browning等（2020）的另一项研究也表明，真实的森林环境对受试者在情绪调节及注意力恢复上的效果与观看360度森林视频相当，而这两者（真实与虚拟的森林环境）均比没有绿色基础设施的对照组有更显著的健康效益[171]。Chirico和Gaggoli（2019）的研究也证实，除愤怒（真实场景中更高）和娱乐（虚拟场景中更高）外，虚拟和真实的全景式山湖景观场景所引起的其他情绪没有显著差异，说明沉浸式视频所引起的情绪可与真实场景相提并论，值得进一步研究[172]。但也有学者得出截然相反的结论，如Nukarinen等（2020）的研究发现，模拟森林环境能够有效降低交感神经系统活性（即"类似'战斗或逃跑'的过度应激反应"），抑制负面情绪，并且与真实森林环境相比，模拟环境更有益于主观情绪的恢复[173]。

环境心理学中的部分研究已经证实了模拟自然环境和实地自然环境都能够带来一定的恢复效应（增加积极情绪、缓解压力等），这说明模拟环境在一定程度上能够同构实地环境。旅游休闲研究中，Brown 等（1989）发现游客对实地游览中的景观评估结果和通过图片的景观评估结果是高度相似的[174]，Freimud 等（2002）的调查也发现，相比于传统的图片、幻灯片，视频是游客评估游憩地视觉和听觉环境的一种具有显著成本效益的工具[175]。因此，作为惯常环境以外的模拟游览环境，仍然是旅游环境。正如 Eriksson 等（2015）所提"Contemporary travellers are not just on the road but also on the phone， online and on screen"（当代旅游者不仅在路上，还在电话、网络和屏幕上）[176]。虽然环境心理学重点关注模拟和实地两种场景中自然环境的恢复效应，但是旅游环境作为典型的非惯常环境，不能仅以自然 / 城市的二元论来划分，需要从更微观的尺度探究旅游活动中游客对其所处环境的心理生理体验。尤其是随着媒介技术的发展，影像在一定程度上能够将游客从不在场转向在场，并将心灵在场转向真正的身体在场。例如，Dario 等（2018）以英国湖区国家公园虚拟游览为例，研究发现虚拟现实技术对游客行为意向存在显著影响，主要表现在使用意向、到访意向、推荐意向以及动机改变[177]。同样地，在遗产地虚拟游览活动中，Lin 等（2020）发现虚拟现实是一种非常有效的营销工具，它可以鼓励潜在游客以更慢、更专注的方式去体验遗产目的地，并增强其访问意愿[178]。

在重大突发公共卫生事件下，一些学者也关注到模拟游览和恢复性之间的关系。成茜和李君轶（2020）从旅游社会心理效益层面的恢复性出发，研究发现疫情居家约束下虚拟游览对居民心理健康有积极的影响，自然环境虚拟游览更有助于人们获得恢复性体验[179]。Huang（2021）将恢复性引入虚拟旅游研究，讨论了虚拟旅游中的恢复体验对支付意愿的影响[96]，但目前尚无研究从恢复性视角探究城市街道上游客模拟游览和实地游览的互动关系。实际上，在后疫情时代，关注模拟游览和实地游览的恢复效应，不仅对群众身心健康具有显著的积极意义，也能为旅游学应对社会危机寻求新思路、新途径。

参考文献

[1] Lazarus R S. Emotion and adaptation[M]. Oxford University Press，1991.

[2] 高正亮，童辉杰 . 积极情绪的作用：拓展 – 建构理论 [J]. 中国健康心理学杂志，2010，18（2）：246–249.

[3] 郭小艳，王振宏 . 积极情绪的概念、功能与意义 [J]. 心理科学进展，2007（5）：810–815.

[4] L. Olmsted–f. Public Parks and the Enlargement of Towns[M]. Cambridge：Ma：riverside Press，1970.

[5] Kaplan S，Talbot J F. Psychological benefits of a wilderness experience[M]//Behavior and the natural environment. Springer，Boston，MA，1983：163–203.

[6] Kaplan R，Kaplan S. The experience of nature：A psychological perspective[M]. Cambridge university press，1989.

[7] S Linda. Environmental Psychology–An Introduction[J]. Wiley，2012：58–65.

[8] Van den Berg A E，Hartig T，Staats H. Preference for nature in urbanized societies：Stress，restoration，and the pursuit of sustainability[J]. Journal of social issues，2007，63（1）：79–96.

[9] Scopelliti M，Giuliani M V. Choosing restorative environments across the lifespan：A matter of place experience[J]. Journal of environmental psychology，2004，24（4）：423–437.

[10] 中国大百科全书总委员会《建筑园林城市规划》委员会 . 中国大百科全书：建筑，园林，城市规划 [M]. 中国大百科全书出版社，1992.

[11] 亚里士多德 . 政治学 [M]. 北京：北京出版社，2007.

[12] 维特鲁威 . 建筑十书 [M]. 北京：北京大学出版社，2012.

[13] 斯皮罗·科斯托夫 . 城市的组合 [M]. 北京：中国建筑工业出版社，2008.

[14] 简·雅各布斯 . 美国大城市的生与死 [M]. 译林出版社，1961.

[15] Rudofsky Bernard. Streets for People：a Primer for Americans Hardcover[M]. Doubleday & Company，1969.

[16] Appleyard Donald. Livable Streets[M]. University of California Press，1982.

[17] 高克跃. "街" 、 "路" 概念辨析与街道设计基本理念 [J]. 城市交通，2014，12（1）：61-65，73.

[18] 陈宇. 城市街道景观设计文化研究 [D]. 东南大学，2006.

[19] 张云. 城市街道空间营造研究 [D]. 中国美术学院，2016.

[20] Bornioli，A. The influence of city centre environments on the a ective walking experience[D]. University of the West of England，2018.

[21] Bornioli A，Parkhurst G，Morgan P L. Psychological wellbeing benefits of simulated exposure to five urban settings：an experimental study from the pedestrian's perspective[J]. Journal of transport & health，2018，9：105-116.

[22] Swanwick C. Landscape Character Assessment：Guidance for England and Scotland[R]. The Countryside Agency，2002.

[23] Torbay Council. Torbay Streetscape Guidelines. [S]. United Kingdom Government，2007.

[24] 文增. 城市街道景观设计 [M]. 北京：高等教育出版社，2008.

[25] 佩特拉·芬克. 城市街道景观设计 [M]. 辽宁科学技术出版社，2014.

[26] 周韬，郑文晖，陈启泉. 城市街道景观特征与连续性评价方法研究 [J]. 风景园林，2019，26（3）：99-104.

[27] Jung H，Lee S，Kim H S，et al. Does improving the physical street environment create satisfactory and active streets？ Evidence from Seoul's Design Street Project[J]. Transportation research part D：transport and environment，2017，50：269-279.

[28] 陈崇贤，张丹婷，夏宇，等. 城市街道景观特征对人的情绪健康影响研究 [J]. 城市建筑，2018（9）：6-9.

[29] White M，Smith A，Humphryes K，et al. Blue space：The importance of water for preference，affect，and restorativeness ratings of natural and built scenes[J]. Journal of environmental psychology，2010，30（4）：482-493.

[30] Grassini S，Revonsuo A，Castellotti S，et al. Processing of natural scenery is associated with lower attentional and cognitive load compared with urban ones[J]. Journal

of Environmental Psychology, 2019, 62: 1-11.

[31] 叶婉柔, 欧圣荣. 探讨水体不同类型尺度对受测者心理感受之影响 [J]. 造园景观学报, 2013, 19（3）: 15-34.

[32] Schaufeli W B, Salanova M, González-Romá V, et al. The measurement of engagement and burnout: A two sample confirmatory factor analytic approach[J]. Journal of Happiness studies, 2002, 3（1）: 71-92.

[33] Hartig T, Korpela K, Evans G W, et al. Validation of a measure of perceived environmental restorativeness[M]. University of G teborg, Department of Psychology, 1996.

[34] Hartig T, Kaiser F G, Bowler P A. Further development of a measure of perceived environmental restorativeness[M]. Institutet för bostads-och urbanforskning, 1997.

[35] Laumann K, G rling T, Stormark K M. Rating scale measures of restorative components of environments[J]. Journal of Environmental Psychology, 2001, 21（1）: 31-44.

[36] Herzog T R, Maguire P, Nebel M B. Assessing the restorative components of environments[J]. Journal of environmental psychology, 2003, 23（2）: 159-170.

[37] 黄章展, 黄芳铭. 环境偏好与环境恢复性知觉关系之研究——以山景景观为例 [J]. 户外游憩研究, 2008, 21（1）: 1-25.

[38] 叶柳红, 张帆, 吴建平. 复愈性环境量表的编制 [J]. 中国健康心理学杂志, 2010, 18（12）: 1515-1518.

[39] Pasini M, Berto R, Brondino M, et al. How to measure the restorative quality of environments: The PRS-11[J]. Procedia-Social and behavioral sciences, 2014, 159: 293-297.

[40] 张俊彦, 万丽玲. 景观形态对肌电值及注意力恢复能力之研究 [J]. 造园景观学报, 2000, 7（1）: 1-22.

[41] Tang I C, Tsai Y P, Lin Y J, et al. Using functional Magnetic Resonance Imaging（fMRI）to analyze brain region activity when viewing landscapes[J]. Landscape and Urban Planning, 2017, 162: 137-144.

[42] Lee J, Park B J, Tsunetsugu Y, et al. Restorative effects of viewing real forest landscapes, based on a comparison with urban landscapes[J]. Scandinavian Journal of Forest Research, 2009, 24（3）: 227-234.

[43] Laumann K, GrlingäT, Stormark K M. Selective attention and heart rate responses to natural and urban environments[J]. Journal of environmental psychology, 2003, 23（2）: 125-134.

[44] Deng L, Li X, Luo H, et al. Empirical study of landscape types, landscape elements and landscape components of the urban park promoting physiological and psychological restoration[J]. Urban Forestry & Urban Greening, 2020.

[45] Tsunetsugu Y, Lee J, Park B J, et al. Physiological and psychological effects of viewing urban forest landscapes assessed by multiple measurements[J]. Landscape and Urban Planning, 2013, 113: 90-93.

[46] Chang C Y, Hammitt W E, Chen P K, et al. Psychophysiological responses and restorative values of natural environments in Taiwan[J]. Landscape and Urban Planning, 2008, 85（2）: 79-84.

[47] Korpela K M, Ylén M, Tyrväinen L, et al. Determinants of restorative experiences in everyday favorite places[J]. Health & place, 2008, 14（4）: 636-652.

[48] Martens D, Gutscher H, Bauer N. Walking in "wild" and "tended" urban forests: The impact on psychological well-being[J]. Journal of environmental psychology, 2011, 31（1）: 36-44.

[49] 陈聪, 赖颖慧, 吴建平. 不同环境下有意注意恢复及反思的复愈性 [J]. 中国心理卫生杂志, 2011, 25（9）: 681-685.

[50] 邢嘉欣. 北方医疗环境中植物景观叶色恢复性效果研究 [D]. 东北农业大学, 2019.

[51] 刘雯华. 不同森林景观结构空间对大学生复愈性影响研究 [D]. 西北农林科技大学, 2019.

[52] 刘群阅, 陈烨, 张薇, 等. 游憩者环境偏好、恢复性评价与健康效益评估关系研究——以福州国家森林公园为例 [J]. 资源科学, 2018, 40（2）: 381-391.

[53] 吴振发，谢燕芬，黄宣瑄．草悟道景观改善之使用者景观偏好与注意力恢复效益评估 [J]. 造园景观学报，2018，22（3）：33-53.

[54] 周甜甜，刘宗放，陈其兵．川西林盘植物景观视觉偏好与恢复性环境感知研究 [C]// 中国观赏园艺研究进展 2018. 中国林业出版社，2018：643-649.

[55] Pazhouhanfar M，Kamal M. Effect of predictors of visual preference as characteristics of urban natural landscapes in increasing perceived restorative potential[J]. Urban Forestry & Urban Greening，2014，13（1）：145-151.

[56] Ratcliffe E，Korpela K M. Memory and place attachment as predictors of imagined restorative perceptions of favourite places[J]. Journal of Environmental Psychology，2016，48：120-130.

[57] 李安娜，邱长光．中高龄游客环境恢复性知觉、场所依恋与心理幸福感之关系 [J]. 休闲与社会研究，2016，13：71-89.

[58] Menatti L，Subiza-Pérez M，Villalpando-Flores A，et al. Place attachment and identification as predictors of expected landscape restorativeness[J]. Journal of Environmental Psychology，2019，63：36-43.

[59] 许泽宇，苏姵文．室内展场景观对游客知觉与行为意图的影响 [J]. 首府休闲学报，2015，1（1）：69-94.

[60] 黄杰．自然旅游地旅游者恢复性环境感知、满意度与行为意向研究 [D]. 新疆大学，2019.

[61] Han K T. An exploration of relationships among the responses to natural scenes：Scenic beauty，preference，and restoration[J]. Environment and Behavior，2010，42（2）：243-270.

[62] Hartig T Staats H. Guest editors' introduction[J]. Journal of Environmental Psychology，2003，23（2）：103－107.

[63] Shafer Jr E L，Hamilton Jr J F，Schmidt E A. Natural landscape preferences：a predictive model[J]. Journal of Leisure Research，1969，1（1）：1-19.

[64] Luttik J. The value of trees，water and open space as reflected by house prices in the Netherlands[J]. Landscape and urban planning，2000，48（3-4）：161-167.

[65] Lange E, Schaeffer P V. A comment on the market value of a room with a view[J]. Landscape and Urban Planning, 2001, 55（2）: 113-120.

[66] Natural England（2009）. Coastal access. Downloaded on 6th April, 2009 from. http: //www.naturalengland.org.uk/ourwork/enjoying/places/coastalaccess/default.aspx.

[67] 彭慧蕴, 谭少华. 城市公园环境的恢复性效应影响机制研究——以重庆为例 [J]. 中国园林, 2018, 34（9）: 5-9.

[68] 林惠瑛. 庭园构造——水篇 [M]. 台北: 淑馨出版社, 1990.

[69] Weber A M, Trojan J. The restorative value of the urban environment: a systematic review of the existing literature[J]. Environmental Health Insights, 2018.

[70] 刘畅, 李树华. 多学科视角下的恢复性自然环境研究综述 [J]. 中国园林, 2020, 36（1）: 55-59.

[71] Subiza-Pérez M, Korpela K, Pasanen T. Still not that bad for the grey city: A field study on the restorative effects of built open urban places[J]. Cities, 2021.

[72] Zabini F, Albanese L, Becheri F R, et al. Comparative study of the restorative effects of forest and urban videos during COVID-19 lockdown: Intrinsic and benchmark values[J]. International Journal of Environmental Research and Public Health, 2020, 17（21）: 8011.

[73] Lehto X Y. Assessing the perceived restorative qualities of vacation destinations[J]. Journal of travel research, 2013, 52（3）: 325-339.

[74] Scopelliti M, Giuliani M V. Choosing restorative environments across the lifespan: A matter of place experience[J]. Journal of environmental psychology, 2004, 24（4）: 423-437.

[75] Roe J, Mondschein A, Neale C, et al. The urban built environment, walking and mental health outcomes among older adults: a pilot study[J]. Frontiers in public health, 2020: 528.

[76] Chen C C, Petrick J F, Shahvali M. Tourism experiences as a stress reliever: Examining the effects of tourism recovery experiences on life satisfaction[J]. Journal of Travel Research, 2016, 55（2）: 150-160.

[77] Cho K S, Um S H, Lee T J. Perceived restorativeness of visits to cultural heritage sites[J]. Asia Pacific Journal of Tourism Research, 2016, 21（9）: 1046-1069.

[78] Chen G, Huang S, Zhang D. Understanding Chinese vacationers' perceived destination restorative qualities: cross-cultural validation of the perceived destination restorative qualities scale[J]. Journal of Travel & Tourism Marketing, 2017, 34（8）: 1115-1127.

[79] 郭永锐, 张捷, 卢韶婧, 等. 旅游者恢复性环境感知的结构模型和感知差异[J]. 旅游学刊, 2014, 29（2）: 93-102.

[80] Lehto X, Kirillova K, Li H, et al. A cross-cultural validation of the perceived destination restorative qualities scale: The Chinese perspective[J]. Asia Pacific Journal of Tourism Research, 2017, 22（3）: 329-343.

[81] Li S, Scott N, Walters G. Current and potential methods for measuring emotion in tourism experiences: A review[J]. Current Issues in Tourism, 2015, 18（9）: 805-827.

[82] Brodien Hapairai P M, Walters G, Li S. The effectiveness of ad-induced emotion in reducing tourist risk perceptions towards politically unstable destinations[J]. Tourism Recreation Research, 2018, 43（4）: 483-496.

[83] Bastiaansen M, Straatman S, Driessen E, et al. My destination in your brain: A novel neuromarketing approach for evaluating the effectiveness of destination marketing[J]. Journal of destination marketing & management, 2018, 7: 76-88.

[84] Boz H, Arslan A, Koc E. Neuromarketing aspect of tour sm pricing psychology[J]. Tourism Management Perspectives, 2017, 23: 119-128.

[85] Kim J, Fesenmaier D R. Measuring emotions in real time: Implications for tourism experience design[J]. Journal of Travel Research, 2015, 54（4）: 419-429.

[86] Stadler R, Jepson A S, Wood E H. Electrodermal activity measurement within a qualitative methodology: Exploring emotion in leisure experiences[J]. International Journal of Contemporary Hospitality Management, 2018.

[87] Beck J, Egger R. Emotionalise me: Self-reporting and arousal measurements in

virtual tourism environments[M]//Information and communication technologies in tourism 2018. Springer, Cham, 2018: 3–15.

[88] Michael I, Ramsoy T, Stephens M, et al. A study of unconscious emotional and cognitive responses to tourism images using a neuroscience method[J]. Journal of Islamic Marketing, 2019.

[89] Li S, Walters G, Packer J, et al. A comparative analysis of self–report and psychophysiological measures of emotion in the context of tourism advertising[J]. Journal of Travel Research, 2018, 57（8）: 1078–1092.

[90] Li S, Walters G, Packer J, et al. Using facial electromyography to test the peak–end rule in tourism advertising[J]. Journal of Hospitality & Tourism Research, 2022, 46（1）: 55–77.

[91] Li S C H, Robinson P, Oriade A. Destination marketing: The use of technology since the millennium[J]. Journal of destination marketing & management, 2017, 6（2）: 95–102.

[92] Ohme R, Reykowska D, Wiener D, et al. Analysis of neurophysiological reactions to advertising stimuli by means of EEG and galvanic skin response measures[J]. Journal of Neuroscience, Psychology, and Economics, 2009, 2（1）: 21.

[93] Potter R F, Bolls P. Psychophysiological measurement and meaning: Cognitive and emotional processing of media[M]. Routledge, 2012.

[94] 陈钢华, 奚望, 黄松山, 等. 海滨旅游度假区游客环境和气候满意度对环境恢复性感知的影响[J]. 资源科学, 2019, 41（3）: 430–440.

[95] Kirillova K, Wang D. Smartphone（dis）connectedness and vacation recovery[J]. Annals of Tourism Research, 2016, 61: 157–169.

[96] Huang T L. Restorative experiences and online tourists' willingness to pay a price premium in an augmented reality environment[J]. Journal of Retailing and Consumer Services, 2021.

[97] 陈钢华, 奚望. 旅游度假区游客环境恢复性感知对满意度与游后行为意向的影响——以广东南昆山为例[J]. 旅游科学, 2018, 32（4）: 17–30.

[98] Liu J, Wang Y, Zimmer C, et al. Factors associated with soundscape experiences in urban green spaces: A case study in Rostock, Germany[J]. Urban Forestry & Urban Greening, 2019, 37: 135-146.

[99] 刘群阅, 尤达, 潘明慧, 等. 游憩者场所感知与恢复性知觉关系研究——以福州温泉公园为例 [J]. 旅游学刊, 2017, 32（7）: 77-88.

[100] 刘群阅, 吴瑜, 肖以恒, 等. 城市公园恢复性评价心理模型研究——基于环境偏好及场所依恋理论视角 [J]. 中国园林, 2019, 35（6）: 39-44.

[101] 刘群阅, 陈烨, 张薇, 等. 游憩者环境偏好、恢复性评价与健康效益评估关系研究——以福州国家森林公园为例 [J]. 资源科学, 2018, 40（2）: 381-391.

[102] 党宝欣, 康子悦, 孙宝鼎. 森林游憩环境恢复性评价影响机制研究 [J]. 生态经济, 2020, 36（5）: 135-140.

[103] Staats H, Hartig T. Alone or with a friend: A social context for psychological restoration and environmental preferences[J]. Journal of Environmental Psychology, 2004, 24（2）: 199-211.

[104] Berto R. Assessing the restorative value of the environment: A study on the elderly in comparison with young adults and adolescents[J]. International journal of psychology, 2007, 42（5）: 331-341.

[105] Cole D N, Hall T E. Experiencing the restorative components of wilderness environments: Does congestion interfere and does length of exposure matter?[J]. Environment and Behavior, 2010, 42（6）: 806-823.

[106] 陈钢华, 奚望. 旅游度假区游客环境恢复性感知对满意度与游后行为意向的影响——以广东南昆山为例 [J]. 旅游科学, 2018, 32（4）: 14.

[107] 黄杰, 黄安民, 杨飞飞, 等. 旅游者恢复性环境感知与游后行为意向——影响机制和边界条件 [J]. 旅游学刊, 2022.

[108] 吕婷. 不同类型景观对女性游客的情绪恢复研究——基于 ERP 的实验分析 [D]. 陕西师范大学, 2018.

[109] 朱芳, 苏勤, 陶云, 等. 游客—环境互动视角下旅游者目的地环境恢复性效应 [J].

热带地理，2020，40（4）：636–648.

[110] Morton T A, van der Bles A M, Haslam S A. Seeing our self reflected in the world around us: The role of identity in making（natural）environments restorative[J]. Journal of Environmental Psychology, 2017, 49: 65–77.

[111] Ottosson J, Grahn P. The role of natural settings in crisis rehabilitation: how does the level of crisis influence the response to experiences of nature with regard to measures of rehabilitation?[J]. Landscape research, 2008, 33（1）: 51–70.

[112] Stigsdotter U K, Ekholm O, Schipperijn J, et al. Health promoting outdoor environments–Associations between green space, and health, health–related quality of life and stress based on a Danish national representative survey[J]. Scandinavian journal of public health, 2010, 38（4）: 411–417.

[113] Roe J, Aspinall P. The restorative benefits of walking in urban and rural settings in adults with good and poor mental health[J]. Health & place, 2011, 17（1）: 103–113.

[114] Ulrich R S. Visual landscapes and psychological well–being[J]. Landscape research, 1979, 4（1）: 17–23.

[115] Ulrich R S. Natural versus urban scenes: Some psychophysiological effects[J]. Environment and behavior, 1981, 13（5）: 523–556.

[116] Ulrich R S. Aesthetic and affective response to natural environment[M]//Behavior and the natural environment. Springer, Boston, MA, 1983: 85–125.

[117] Ulrich R S, Simons R F, Losito B D, et al. Stress recovery during exposure to natural and urban environments[J]. Journal of environmental psychology, 1991, 11（3）: 201–230.

[118] Raanaas R K, Patil G G, Hartig T. Health benefits of a view of nature through the window: A quasi–experimental study of patients in a residential rehabilitation center[J]. Clinical rehabilitation, 2012, 26（1）: 21–32.

[119] Raanaas R K, Patil G, Alve G. Patients' recovery experiences of indoor plants and viewsof nature in a rehabilitation center[J]. Work, 2016, 53（1）: 45–55.

[120] Ulrich R S. View through a window may influence recovery from surgery[J]. Science, 1984, 224（4647）: 420-421.

[121] Hitchings R. Urban greenspace from the inside out: An argument for the approach and a study with city workers[J]. Geoforum, 2010, 41（6）: 855-864.

[122] Sonntag-Öström E, Nordin M, Slunga J rvholm L, et al. Can the boreal forest be used for rehabilitation and recovery from stress-related exhaustion? A pilot study[J]. Scandinavian journal of forest research, 2011, 26（3）: 245-256.

[123] Stigsdotter U K, Corazon S S, Sidenius U, et al. Forest design for mental health promotion—Using perceived sensory dimensions to elicit restorative responses[J]. Landscape and Urban Planning, 2017, 160: 1-15.

[124] 李晓龙. 店铺外部环境对初始印象的影响研究 [D]. 吉林大学, 2010.

[125] 朱晓玥, 金凯, 余洋. 基于压力恢复作用的城市自然环境视听特征研究进展 [C]// 中国风景园林学会 2018 年会论文集: 中国建筑工业出版社, 2018: 423-426.

[126] Kweon B S, Ulrich R S, Walker V D, et al. Anger and stress: The role of landscape posters in an office setting[J]. Environment and Behavior, 2008, 40（3）: 355-381.

[127] Aries M B C, Veitch J A, Newsham G R. Windows, view, and office characteristics predict physical and psychological discomfort[J]. Journal of environmental psychology, 2010, 30（4）: 533-541.

[128] Lottrup L, Stigsdotter U K, Meilby H, et al. Associations between use, activities and characteristics of the outdoor environment at workplaces[J]. Urban Forestry & Urban Greening, 2012, 11（2）: 159-168.

[129] Lottrup L, Grahn P, Stigsdotter U K. Workplace greenery and perceived level of stress: Benefits of access to a green outdoor environment at the workplace[J]. Landscape and Urban Planning, 2013, 110: 5-11.

[130] Korpela K, De Bloom J, Sianoja M, et al. Nature at home and at work: Naturally good? Links between window views, indoor plants, outdoor activities and employee well-being over one year[J]. Landscape and Urban Planning, 2017, 160: 38-47.

[131] Stigsdotter U K, Corazon S S, Sidenius U, et al. It is not all bad for the grey city-A crossover study on physiological and psychological restoration in a forest and an urban environment[J]. Health & Place, 2017, 46: 145–154.

[132] 汪晗, 解晓莉. 国外关于"工作投入"研究之进展 [J]. 湖南科技学院学报, 2007,（2）: 98–100.

[133] Maslach C, Schaufeli W B, Leiter M P. Job burnout[J]. Annual review of psychology, 2001, 52（1）: 397–422.

[134] Fredrickson B L. What good are positive emotions?[J]. Review of general psychology, 1998, 2（3）: 300–319.

[135] Bledow R, Schmitt A, Frese M, et al. The affective shift model of work engagement[J]. Journal of applied psychology, 2011, 96（6）: 1246.

[136] Ouweneel E, Le Blanc P M, Schaufeli W B. Flourishing students: A longitudinal study on positive emotions, personal resources, and study engagement[J]. The journal of positive psychology, 2011, 6（2）: 142–153.

[137] Ouweneel E, Le Blanc P M, Schaufeli W B, et al. Good morning, good day: A diary study on positive emotions, hope, and work engagement[J]. Human relations, 2012, 65（9）: 1129–1154.

[138] Burić, Macuka I. Self-efficacy, emotions and work engagement among teachers: A two wave cross-lagged analysis[J]. Journal of Happiness Studies, 2018, 19（7）: 1917–1933.

[139] 陆欣欣, 涂乙冬. 工作投入的短期波动 [J]. 心理科学进展, 2015, 23（2）: 268–279.

[140] 张淑华, 王可心. 情绪、希望感与工作投入 : 来自经验取样法的证据 [J]. 中国人力资源开发, 2017,（11）: 65–75.

[141] 黄庆, 蒋昀洁, 蒋春燕. 被妒忌员工的情绪反应与工作投入——情绪认知评价视角 [J]. 软科学, 2019, 33（3）: 133–136.

[142] 郭钟泽, 谢宝国, 程延园. 昨天的积极体验影响今天的工作投入吗？——一项经验取样的日记研究 [J]. 管理评论, 2019, 31（1）: 171–182.

[143] 刘晓,罗菊英,孔令磷,等.负性情绪对护士工作投入的影响[J].湖北科技学院学报（医学版）,2019,33（2）:162-165.

[144] 王洋,张平青.街道设施整合化设计与城市旅游形象提升[M].北京:中国社会科学出版社,2016.

[145] Gonzalez-Urango H, Le Pira M, Inturri G, et al. Designing walkable streets in congested ouristic cities: the case of Cartagena de Indias, Colombia[J]. Transportation research procedia, 2020, 45: 309-316.

[146] Yan L, Xu J B, Sun Z, et al. Street art as alternative attractions: A case of the East Side Gallery[J]. Tourism Management Perspectives, 2019, 29: 76-85.

[147] 张章,徐高峰,李文越,等.历史街道微观建成环境对游客步行停驻行为的影响——以北京五道营胡同为例[J].建筑学报,2019,606（3）:96-102.

[148] Zhang S, Stewart W P, Chan E S W. Place-Making upon Return Home: Influence of Greenway Experiences[J]. Leisure Sciences, 2020: 1-25.

[149] Patandianan M V, Shibusawa H. Importance and performance of streetscapes at a tourism destination in Indonesia: The residents' perspectives[J]. Frontiers of Architectural Research, 2020, 9（3）: 641-655.

[150] 李渊,杨璐,高小涵.鼓浪屿街道空间体验分析与提升策略[J].规划师,2019,35（14）:24-31.

[151] Kaplan S, Talbot J F. Psychological benefits of a wilderness experience[M]//Behavior and the natural environment. Springer, Boston, MA, 1983: 163-203.

[152] Bornioli A, Parkhurst G, Morgan P L. Psychological well being benefits of simulated exposure o five urban settings: an experimental study from the pedestrian's perspective[J]. Journal of ransport & health, 2018, 9: 105-116.

[153] Zhao J, Wu J, Wang H. Characteristics of urban streets in relation to perceived estorativeness[J]. Journal of Exposure Science & Environmental Epidemiology, 2020, 30（2）: 309-319.

[154] Nurhikmah Hartanti. Streetscape Character as Representation of Urban Dentity Case Study : Bogor [M]. 2014.

[155] Jiang B, Chang C Y, Sullivan W C. A dose of nature: Tree cover, stress reduction, and gender differences[J]. Landscape and Urban Planning, 2014, 132: 26–36.

[156] Jiang B, He J, Chen J, et al. Perceived green at speed: a simulated driving experiment raises new questions for attention restoration theory and stress reduction theory[J]. Environment and Behavior, 2021, 53（3）: 296–335.

[157] Lindal P J, Hartig T. Architectural variation, building height, and the restorative quality of urban residential streetscapes[J]. Journal of environmental psychology, 2013, 33: 26–36.

[158] 余洋, 蒋雨芊, 张琦瑀. 城市街道健康影响路径和空间要素研究[J]. 风景园林, 2021, 28（2）: 55–61.

[159] 陈崇贤, 张丹婷, 夏宇, 等. 城市街道景观特征对人的情绪健康影响研究[J]. 城市建筑, 2018,（9）: 6–9.

[160] 刘雪鸣. 基于摄像法的街道环境主观恢复性效应影响因素研究[D]. 哈尔滨工业大学, 2019.

[161] Lindal P J, Hartig T. Effects of urban street vegetation on judgments of restoration likelihood[J]. Urban Forestry & Urban Greening, 2015, 14（2）: 200–209.

[162] 殷雨婷, 邵钰涵, 薛贞颖, 等. 疗愈性街景元素识别与评价研究[J]. 景观设计学, 2020, 8（4）: 76–89.

[163] 张凌云. 旅游: 非惯常环境下的特殊体验[J]. 旅游学刊, 2019, 34（9）: 3–5.

[164] Snell T L, McLean L A, McAsey F, et al. Nature streaming: Contrasting the effectiveness of perceived live and recorded videos of nature for restoration[J]. Environment and Behavior, 2019, 51（9–10）: 1082–1105.

[165] Mattila O, Korhonen A, Pöyry E, et al. Restoration in a virtual reality forest environment[J]. Computers in Human Behavior, 2020.

[166] Bornioli A, Parkhurst G, Morgan P L. Affective experiences of built environments and the promotion of urban walking[J]. Transportation research part A: policy and practice, 2019, 123: 200–215.

[167] Bornioli A, Parkhurst G, Morgan P L. The psychological well being benefits of place

engagement during walking in urban environments: A qualitative photo-elicitation study[J]. Health & place, 2018, 53: 228-236.

[168] Kjellgren A, Buhrkall H. A comparison of the restorative effect of a natural environment with that of a simulated natural environment[J]. Journal of environmental psychology, 2010, 30（4）: 464-472.

[169] Browning M H E M, Saeidi-Rizi F, McAnirlin O, et al. The role of methodological choices in the effects of experimental exposure to simulated natural landscapes on human health and cognitive performance: A systematic review[J]. Environment and Behavior, 2021, 53（7）: 687-731.

[170] Browning M H E M, Shipley N, McAnirlin O, et al. An actual natural setting improves mood better than its virtual counterpart: A meta-analysis of experimental data[J]. Frontiers in psychology, 2020: 2200.

[171] Browning M H E M, Mimnaugh K J, Van Riper C J, et al. Can simulated nature support mental health? Comparing short, single-doses of 360-degree nature videos in virtual reality with the outdoors[J]. Frontiers in psychology, 2020: 2667.

[172] Chirico A, Gaggioli A. When virtual feels real: Comparing emotional responses and presence in virtual and natural environments[J]. Cyberpsychology, Behavior, and Social Networking, 2019, 22（3）: 220-226.

[173] Nukarinen T, Istance H O, Rantala J, et al. Physiological and psychological restoration in matched real and virtual natural environments[C]//Extended abstracts of the 2020 CHI conference on human factors in computing systems，2020: 1-8.

[174] Brown T C, Richards M T, Daniel T C, et al. Recreation participation and the validity of photo-based preference judgments[J]. Journal of Leisure Research, 1989, 21（1）: 40-60.

[175] Freimund W A, Vaske J J, Donnelly M P, et al. Using video surveys to access dispersed backcountry visitors' norms[J]. Leisure Sciences, 2002, 24（3-4）: 349-362.

[176] Eriksson N, Fabricius S. Young-elderly travellers as potential users and actual users of internet with mobile devices during trips[C]//Conference on e-Business, e-Services

and e—Society. Springer, Cham, 2015: 24–35.

[177] Dario T D , Claudia T D M , Timothy J , et al. Tourists' Virtual Reality Adoption: An Exploratory Study from Lake District National Park[J]. Leisure Studies, 2018:1–13.

[178] Lin L P L, Huang S C L, Ho Y C. Could virtual reality effectively market slow travel in a heritage destination?[J]. Tourism Management, 2020.

[179] 成茜, 李君轶. 疫情居家约束下虚拟旅游体验对压力和情绪的影响 [J]. 旅游学刊, 2020, 35（7）: 13–23.

第 3 章

基础理论

3.1 恢复性环境理论

恢复性环境理论是恢复性环境研究的基石，根据不同恢复机制的提出，衍生为两个派系：一是注意力恢复理论（ART），由 Kaplan 夫妇提出，主张恢复性环境对身体功能的进化影响；二是压力缓解理论（SRT），又名心理进化论（psycho-evolutionary theory），领军人物为 Ulrich，主张恢复性环境对心理和情绪的影响作用。

3.1.1 注意力恢复理论

Kaplan 等（1989）的注意力恢复理论认为，在日常生活与工作中，需要保持良好的注意力，集中精力去避免被其他事情所干扰，这一过程被称为"定向注意"（directed attention）。定向注意会消耗人的注意力，一旦强烈而持续地使用这种注意，将导致该资源的消耗，个体也频繁出现失误、冲动行为及应激状态；而与之相对的是"自发注意"，即不需要投入大量精力，即可将人们从定向注意的疲劳中转移出来，使个体心理疲劳得到恢复的环境，即是恢复性环境[1]。人们的注意力是宝贵的认知资源，随着时间的延长会发生损耗，导致人们认知能力降低，任其降低到一定程度，会发现难以集中注意力，并感到心情焦躁、身体疲惫，甚至工作错误率升高。而与充满恢复性刺激（例如河流、森林、草原等优美的自然景观）的环境进行交互，会在一定程度上引起非自愿注意，使损耗的定向注意机制有机会得到补充（Kaplan 等，1983）[2]。换言之，人处于这种环境中对定向注意的需求已降至最低，是通过环境自身的特征以自下而上的方式捕获注意力。与某种类型的环境（自然的或人为建筑的）进行交互是触发注意力恢复机制的前提，例如野外背包旅行（Hartig 等，1991）[3]，在森林中散步（White 等，2013）[4]，参观花园或动物园（Pals 等，2009）[5]等都是环境恢复性研究的交互场景。基于这一理论，具有恢复性效应的环境必须具备以下四个特质。

第一，远离（being away），这是恢复的首要条件，即离开日常生活环境，避开需要使用定向注意的事物。需要高度集中注意力的事物往往来自日常生活中的工作学习任务以及烦琐的生活例行事务，离开、躲避疲惫的生活状态，是寻求恢复性的重要途径。但 Kaplan 等（1983）也强调，远离也可以通过心理调整得以实现，如改变思维内容，静坐冥想等[2]，因此，数字信息时代背景下，身体在场和身体的虚拟在场一定程度上都能实现个体的心理调整。

第二，延展（extent），恢复性环境空间布局与构成景观须是连贯、和谐和丰富的，环境刺激能够带来视觉放松，允许自由自在的思维驰骋，以提供一种长时间停留且全身心浸入的体验，让疲劳的身心得到恢复。

第三，魅力（fascination），该环境在审美上是优越的，而这种审美无须过多认知参与，即人们不需要付出意志力代价就能够欣赏这种环境，并体会到令人愉悦的美感。正是这种自然而然的魅力，吸引着人们的注意力从负面情绪中转移出来，有益于定向注意力的恢复。

第四，兼容性（compatibility），即环境与个体的目标和偏好是相匹配的，同时个体的决定也适应环境的需求，二者是双向的过程。基于 ART 的四个特质，环境恢复性效应评估的过程中发展出了知觉恢复性量表[6]、恢复性成分量表[7]、自评恢复量表[8]等。

3.1.2 压力缓解理论

压力缓解理论由 Ulrich 提出，他认为精神压力会导致人们的认知能力、反应能力下降。压力的来源具有无尽可能，从人与环境的互动角度出发，他认为城市充斥着噪声、垃圾，喧嚣、快节奏的现代城市生活环境容易引发人们的焦虑与压力。环境心理学中用"应激反应"来定义该压力，生理上表现为副交感神经被激活、脉搏、血压、肾上腺素指标增加，肌肉紧张等[9]；心理上表现为抑郁焦虑等消极情绪增加[10]；行为上可能出现的症状为认知能力、活动意愿和兴趣的降低[11]。

压力是人类情感进化系统运作的表现，指导人们作出逃避或接近的决策。逃避可能意味着情绪失调、心理上的抵触厌恶、生理上的系统紊乱以及躲避行为。接近是属于同一进化系统的另一个方面，伴随着愉悦情绪，能够毫不费力地关注到眼前事物，从而使消耗的注意力资源得到补充的机会。

根据压力缓解理论，压力恢复的过程由产生积极的情感反应开始，而反应源于对恢复性场景的感知。对于视觉接触而言，恢复性场景的复杂性和深度应处于中等规模，存在视觉聚焦并包含特定景观。Ulrich（1986）指出自然环境具有舒缓压力，产生正面情绪的作用，草原、水景、树木的存在容易引发恢复性反应，因为这类景观与人类进化中的原始环境特征相似，提供了生存相关的本能接近反应[12]。可以理解为，压力状态对人的身心健康具有损害作用，而通过接触令人愉悦的场景，会冲淡消极情绪，转移注意力，从而减轻压力。逃避—接近的内在倾向反应机制具有生存价值，提供了从压力中更快恢复并得到放松的可能性，从而确保人类习得对抗压力与适应环境变化的能力[13]。

Ulrich（1983）的压力缓解理论认为人类在漫长的进化过程中，在应对压力或危机时对某些特定的环境产生了依赖，例如可以提供遮蔽但视线开敞的空间，有足够的植物、水体等自然元素。这类环境可以为人类提供庇护，从而形成遗传上偏爱自然环境的机制。因此，该理论又被称为心理进化理论（psycho-evolutionary theory）[14]。同时，压力缓解理论认为恢复的前提是个体处于压力状态下，即当人们面临某个事件或情境时，首先会以自己的健康是否受到影响进行判断，如果判断或感受其对自己不利、有威胁或有所挑战，则会产生压力[15]。在对不同环境恢复性效应进行评估时，压力缓解理论主要从生理客观指标、心理主观评定及行为改善三个方面着手。其中，生理客观指标主要包括通过心电图（ECG）、脉搏传导间期（PTT）、皮肤电导反应（SC）、肌电（EMG）等指标，证实特定环境的减压效果；心理指标主要包括偏好和情感，积极情感的增加或消极情感的减少，通常标志着环境对心理恢复有积极影响；行为改善主要通过注意力水平来进行衡量[16]。

Ulrich 认为自然中包含三种能够激起人类积极情绪反应的元素，从而对生理、心理应激有重要的缓解作用。第一种是无威胁性的风景元素（unthreatening landscapes），在这类自然景色面前，人类会将注意力集中在整体景象上，而非景象的组成部分。第二种是绿色植物元素（vegetative elements），如树、花园等。第三种是特定的自然景观（specific aspects of nature），如平静而缓慢的流水、青翠的植被、花海或热带草原等特殊景观[14, 15]。Ulrich 等还认为人类对无威胁的自然环境的反应是即时的、无意识的，并且需要极少的认知资源来加工，因此当人们处于上述三种自然元素中时，能快速从应激中恢复体力，获得积极的情绪体验，从而较快从压力中恢复过来。这种机制是进化的结果，因为在特定自然元素下压力得以恢复的反应能力对原始人类具有积极的生存价值，在很多方面能帮助人类提高生存机会。积极情绪和压力降低体验的关系仅限于无威胁性的自然环境中[17]。但是对现代人来说，他们所保留的这种由无威胁性自然环境引起的压力恢复的进化机制是无法适应城市或人造建筑环境的，当个体处于城市或建筑环境中，他需要耗费更多的认知加工资源，需要付出更多的应对或适应努力，这种加工或适应需求可能导致个体的认知资源超过负荷，阻碍压力的恢复[18]。目前支持压力缓解理论的实验研究大部分是先诱发压力，然后向被试呈现或者使其处于某些特定的自然情境，进而考察被试生理指标或主观报告所反映的压力变化。

3.1.3 注意力恢复和压力缓解理论的比较

两个理论存在的共通点：理论视角都是从心理学出发来探讨人与环境的互动关系；理论基础为进化论，即认为自然环境具有正向的恢复性影响，个体对优美的自然环境更具积极倾向，这一偏好对生存有利；对于恢复效应，两者都认为存在生理、心理的正向结果，具体到定向注意力水平、生理健康指标、恢复性感知、情绪等内容；恢复通道上，两者都认为环境恢复来源于视觉接触，而视觉偏好（visual preference）会导致更积极的恢复性效果，二者存在正相关。近年来也有部分学者从视听结合及嗅觉、听觉等感官角度探究环境恢复性，但视觉效应所占权重仍然不容忽视。两者都指出恢复性效应与审美偏好有关，前者认为审美影响着人们所能收获的恢复性体验，后者认为审美属于情感偏好，是一种愉悦的情感。

两者的差异集中在认知与情感参与恢复过程的理论假设上。注意力恢复理论的理论假设为：环境恢复性效应源于定向注意力的减少，以驱赶疲劳、恢复精神、补充精力损耗，情绪反应是建立在认知基础上的，情绪恢复时间只能是长期的。压力缓解理论则认为恢复性效应源于接触自然环境所带来的消极情绪减少与积极情绪增加，情绪反应发生在无意识参与的当下。

两者当前都遭遇挑战：注意力恢复理论所主张的认知在时间演化问题上尚不清晰，也未能建立起完整的理论框架；压力缓解理论仅指出自然环境与具有恢复性潜能的景观特质，但未能解释人们对于非自然景观的偏好与恢复性。

但是，压力缓解理论（SRT）和注意力恢复理论（ART）对恢复性环境的解释各有侧重，SRT强调急性应激或压力状态下，生理的即时反应和情绪的变化，这种反应没有认知的参与；ART则偏重于环境带来的心理影响，尤其是心理资源消耗与更新的过程，即注意的恢复，ART对环境的评估主要从认知入手，即个体的主观评定。两个理论也存在一些共性：都从心理学的角度来看待人与环境的相互影响；都假设人们对自然环境有一种强烈而一致的积极趋向；都认为恢复来自和环境的视觉接触，而且恢复的前提都是个体的机能、资源处于正常水平之下。实际上，压力缓解理论和注意力恢复理论是可以相互影响并转化的，在关于恢复性环境的研究中大多将这两个理论综合考虑。

自环境恢复性进化理论提出以来，既往研究主要从自然/城市的二分视角证实未受人类影响的荒野自然环境对人具有积极作用，而与之相对应的嘈杂的、低质量的城市环境没有显著的恢复性效应。随着现代城市公共健康问题日益严峻，学者们基于该理论对城市恢复性环境进行了大量探索，并在此基础上进一步展开了恢复性景观的研究。Karmanov 和 Hamel（2008）提出评估环境的恢复潜力需要超越传统的自然 / 城市划分方式 [19]。Tvrvainen 等（2014）也将研究对象从纯粹的自然环境转移到城市中的公园和林地，证实了与城市人工环境相比，城市自然环境对个体健康具有显著更好的恢复效果 [20]。Weber 和 Trojan（2018）通过对城市环境恢复性的相关研究综述发现，城市环境中的自然景观（绿地、水体等）能够显著提升城市环境的恢复潜力，而一些建成环境也具有显著的恢复潜力，如博物馆、购物中心、历史遗址等 [21]。

整体而言，旅游领域中基于注意力恢复理论的旅游恢复性研究已初步展开，但目前尚未将压力缓解理论引入其中。因此，本章在恢复性环境两个经典理论的指导下，以正在参与城市旅游活动的游客为调研对象，旨在探究城市街道游览中游客群体的恢复性，并从街道景观特征角度探究影响游客旅游恢复性的相关因素。

3.2　个体—环境交互作用理论

个体—环境交互作用理论源于环境心理学，环境心理学是研究人与环境关系的学科，主张人的感知、体验和活动会受到环境的影响，同时也会根据自身状态对环境作出反应。整个过程应当包含人、环境、交互作用和交互结果四个部分。Zube（1984）指出个体与环境进行交互作用所形成的一系列的感知、评价、情感态度、生理反应等，都受到环境类型与包含的景观要素以及个体的社会文化属性差异的影响 [22]。具体到旅游情境，Jafari（1987）提出社会文化游客模型（Socio cultural tourist model），指出游客在惯常和非惯常环境中存在行为和心理差别 [23]。Qiu 等（2019）认为在旅游目的地环境中，人们的社会身份相对隐形，外部环境变化和"匿名"状态促进了心灵解放，人们倾向于摆脱日常生活的禁锢，感受到更多的自由 [24]。环境心理学用人与环境交易的响应模式（human–environment transaction）解释这一现象，需要从游客个体行为与环境两个视角进行充分理解[25, 26]。一方面，游客的性别、年龄、学历等人口统计特征以及偏好、旅游经历、行为意愿等旅游行为特征深刻影响着个体处于环境中的行为反应模式；另一方面，对于同样的响应行为，如本章所研究的游客旅游恢复性，不同的环境之间影响效果存在差异。本研究据此从环境与个体两个层面进行因素设计，将水景观分为自然与城市两种环境类型，以及滞水、流水、落水三种水体形态，重点探讨不同类型水景对高低压力状态游客的恢复性效应。

Stokols（1992）将人与环境的交互作用方式分为四种类型，包含评价模型、反应模型、解释模型和操作模型[27]。环境恢复性研究中更多涉及其中的反应模型与评价模型。反应模型是指人在特定环境中认知和行为的响应模式，包括放松、精力恢复、压力缓解等恢复性反应。评价模型是人们依据一定的标准或个人感知对所处环境进行恢复性质量评价。旅游目的地恢复性研究多基于评价模型度量目的地环境恢复性特征，对于恢复性反应的研究不足。本章将通过脑电实验、认知行为实验、情绪状态自评与恢复性主观综合评价四种数据，探究游客观赏水景观后的环境恢复性评价以及各层面的恢复性效应。

环境知觉可以进一步解释人与环境交互作用的结果。发生在旅游情境下的游客与目的地环境空间交互作用的结果，可以概述为旅游目的地环境知觉。游客通过感觉器官与环境进行交互，目的地环境对游客的影响是通过五种感官（视觉、听觉、嗅觉、味觉、触觉）刺激个体产生心理生理反应。对于个体—环境交互发生的渠道，杨公侠（1985）通过实证研究发现，在五觉功能正常情况下，个体有75%~90%的活动是由视觉所主导的，从外界获取的信息中视觉通道约占87%[28]。李羽佳（2014）则表明在景观感知任务中，视觉接触是最为重要的渠道[29]。

3.3 "拓展—建构"理论

"拓展—建构"理论属于积极心理学内容，由Fredrickson（1998）提出，他认为消极情绪、积极情绪均具有进化适应的意义[16]。消极情绪能使个体在威胁情境中获益，会使个体面对威胁时更加专注于即时的境况，迅速作出决定并采取行动，以求得生存。在无威胁情境中，积极情绪会使个体积极地思考诸多行动的可能性，尝试新方法、新策略，有利于获得经验和知识积累，从而拓展个体的注意、认知、行动的范围。

"扩展—建构"理论包含两个核心功能：拓展功能和建构功能。其中，拓展功能（broadening）认为积极情绪能拓展个体瞬间思维—行动范围（momentary thought-action repertoires），包括拓展个体注意、认知、行动等的范围。建构功能（building）认为积极情绪能建构个体持久的资源，包括身体、智力、心理和社会等资源，给个体带来间接的、长远的收益。当然建构功能是在拓展的基础上实现的[30]。

在拓展功能实证方面，Fredrickson 和 Branigan（2005）经过实验研究发现，相比中立和消极情绪，不同的积极情绪都扩展了人们的视觉注意力和知行能力[31]。在建构功能实证方面，个体日常积极情绪的增加，促进了个人资源（身体、认知、心理、社会资源）的增加，提高了生活满意度[32]。目前，基于积极情绪的"拓展—建构"理论是研究情绪与短期工作投入度关系的主要理论基础。

3.4 旅游情境理论

20 世纪 20 年代，美国社会学家 Thomas 和 Znaniecki 最早在《身处欧美的波兰农民》一书中提出"情境"一词，并强调了情境研究的重要性[33]。随后，情境这一概念逐渐被心理学、管理学、教育学和旅游学等学科应用，并基于学科特色有所发展。管理学领域关注情境、消费者与产品之间的关系，即环境、主体与客体的相互关系。如 Belk（1975）在消费者购买行为研究中提出了情境模型，情境对个体这一有机体产生刺激，从而促使人产生一系列的行为[34]。教育学领域强调情境在教学理念中的地位，重点关注教育者和受教者的个体情感融入。李吉林（2011）在情境教育理论研究中指出，情境是个体获得享受、智慧和道德情感的场景[35]。心理学领域则强调运用情境解释个体心理及行为想象。Lutz 和 Kakkar（1975）将情境阐述为事物发生并对机体行为产生影响的环境条件[36]，《管理心理学词典》（1989）也将情境定义为对人有直接刺激作用、有特定的生理意义和社会意义的具体环境[37]。

国外学者重点阐述了情境理论，但旅游领域中尚未提出"旅游情境"这一术语，而是以"旅游想象"或"旅游地方"来指代。国内学者谢彦君（2005）最先将情境的概念引入旅游学科，并将旅游情境分为旅游氛围情境和旅游行为情境两种类型，前者可以归因于旅游世界这个特殊结构，后者则接近于格式塔心理学所推演出的"旅游场"概念[38]。在此基础上，屈册和马天（2015）明确指出"旅游情境"与"旅游想象""旅游地方"存在显著差异：旅游想象倾向于游客主观性体验，而旅游情境强调游客主体与旅游客体的互动所产生的心物环境；旅游地方强调历史积淀与价值积聚，表征着"不变"，但旅游情境会随着主体与旅游客体互动的时间、空间变化而变化[39]。赵男（2010）指出，旅游情境主要指的是游客在旅游世界中所感知到的由时间、空间和人所共同组成的影响游客的心物环境，并从情境对游客的意义角度将其划分为目的性情境和工具性情境，其中旅游世界中的工具性情境一般与生活中的相似，而目的性情境则是日常生活中很少甚至不能体验到的[40]。肖红云（2018）则认为旅游情境是旅游体验过程中景观和游客的情感体验被调动起来，获得心理上审美情感并能够体现主体与客体之间互动的一个过程[41]。在乡村旅游情境研究中，肖红云（2018）指出乡村旅游情境主要由场景、情节和人三个要素构成[41]。许春晓等（2018）将旅游情境定义为旅游活动中，游客与被游客感知的旅游目的地要素通过交互作用对游客产生心理、行为影响的环境条件，并将旅游情境具体细分为物理要素、社会要素、个人要素以及时间要素四个维度，通过实证发现旅游情境对游客情感有显著的正向影响[42]。可以看出，旅游情境作为旅游领域的重要问题，旅游学者从不同视角对其进行了探讨，但都是从旅游体验这一视角展开旅游情境理论研究，重点关注其定义、分类、作用和影响因素等方面。显然，情境理论在旅游研究中的应用和发展不同于社会学、心理学和管理学中的情境概念，极具"旅游"色彩的旅游情境理论是凸显旅游学科价值的重要方式。

虚拟环境作为现实环境的写照，Bainbridge 于 2007 年在 *Science* 上指出"虚拟环境将成为支撑新一代科学实验和协同分析的重要方法"[43]。微软亚洲研究院在 2012 年也提出利用虚拟世界对现实世界进行分析是一个值得探索的研究领域。情境作为个体知觉的环境，是个体行为发生过程中与之相关的"环境"因素。如同生活世界由真实情境和虚拟情境构成，旅游世界同样由真实情境和虚拟情境构成。旅游作为"非惯常"环境中的一种主体行为，游客到达目的地，就会产生旅游情境。随着现代信息技术的发展，游客到达目的地的方式也可以分为身体在场，即实地游览情境，或身体虚拟在场，即模拟游览情境。因此，本章以旅游情境相关研究作为理论基础，在模拟游览和实地游览两种旅游情境中探究城市街道空间中的游客旅游恢复性体验。

参考文献

[1] Kaplan R,Kaplan S. The Experience of Nature: a Psychological Perspective.[M]: Cambridge University Press, 1989.

[2] Kaplan S，Talbot J F. Psychological benefits of a wilderness experience[M]//Behavior and the natural environment. Springer，Boston，MA，1983：163–203.

[3] Hartig T, Mang M, Evans G W. Restorative effects of natural environment experiences[J]. Environment and behavior, 1991, 23（1）: 3–26.

[4] White M P, Pahl S, Ashbullby K，et al. Feelings of restoration from recent nature visits[J]. Journal of Environmental Psychology，2013，35: 40–51.

[5] Pals R, Steg L, Siero F W, et al. Development of the PRCQ: A measure of perceived restorative characteristics of zoo attractions[J]. Journal of Environmental Psychology, 2009, 29（4）: 441–449.

[6] Hartig T，Korpela K，Evans G W，et al. Validation of a measure of perceived environmental restorativeness[M]. University of G teborg，Department of Psychology，1996.

[7] Laumann K，Gärling T，Stormark K M. Rating scale measures of restorative components of environments[J]. Journal of Environmental Psychology，2001，21（1）: 31–44.

[8] Han K T. A reliable and valid self–rating measure of the restorative quality of natural environments[J]. Landscape and Urban Planning，2003，64（4）: 209–232.

[9] Lee J. Experimental study on the health benefits of garden landscape[J]. International Journal of Environmental Research and Public Health，2017，14（7）: 829.

[10] Stigsdotter U K，Ekholm O，Schipperijn J，et al. Health promoting outdoor environments—Associations between green space，and health，health–related quality of life and stress based on a Danish national representative survey[J]. Scandinavian journal of public health，2010，38（4）: 411–417.

[11] 彭慧蕴. 社区公园恢复性环境影响机制及空间优化 [D]. 重庆大学，2017.

[12] Ulrich R S. Human responses to vegetation and landscapes[J]. Landscape and urban planning, 1986, 13：29–44.

[13] Von Lindern E, Lymeus F, Hartig T. The restorative environment：a complementary concept for salutogenesis studies[J]. The handbook of salutogenesis, 2017：181–195.

[14] Ulrich R S. Aesthetic and affective response to natural environment[M]//Behavior and the natural environment. Springer, Boston, MA, 1983：85–125.

[15] Joye Y, Van den Berg A. Is love for green in our genes？ A critical analysis of evolutionary assumptions in restorative environments research[J]. Urban Forestry & Urban Greening, 2011, 10（4）：261–268.

[16] 陈晓，王博，张豹. 远离"城嚣"：自然对人的积极作用、理论及其应用[J]. 心理科学进展, 2016, 24（02）：270–281.

[17] Ulrich R S, Simons R F, Losito B D, et al. Stress recovery during exposure to natural and urban environments[J]. Journal of environmental psychology, 1991, 11（3）：201–230.

[18] Fredrickson B L. What good are positive emotions?[J]. Review of general psychology, 1998, 2（3）：300–319.

[19] Karmanov D, Hamel R. Assessing the restorative potential of contemporary urban environment（s）：Beyond the nature versus urban dichotomy[J]. Landscape and Urban Planning, 2008, 86（2）：115–125.

[20] Tyrvinen L, Ojala A, Korpela K, et al. The influence of urban green environments on stress relief measures：A field experiment[J]. Journal of environmental psychology, 2014, 38：1–9.

[21] Weber A M, Trojan J. The restorative value of the urban environment：a systematic review of the existing literature[J]. Environmental Health Insights, 2018.

[22] Zube E H. Themes in landscape assessment theory[J]. Landscape Journal, 1984, 3（2）：104–110.

[23] Jafari J. Tourism models：The sociocultural aspects[J]. Tourism management, 1987, 8（2）：151–159.

[24] Qiu S C, Cai L, Lehto X, et al. Reliving self-presentational concerns in rural tourism[J]. Annals of Tourism Research, 2019, 74: 56-67.

[25] 缪小春. 新兴的心理学分支——环境心理学 [J]. 应用心理学, 1989（4）: 1-9.

[26] 俞国良. 一门崭新的学科——环境心理学 [J]. 环境保护, 1989（11）: 27-28.

[27] Stokols D. Establishing and maintaining healthy environments: Toward a social ecology of health promotion[J]. American psychologist, 1992, 47（1）: 6.

[28] 杨公侠. 视觉与视觉环境 [M]. 同济大学出版社, 1985.

[29] 李羽佳. ASG 综合法景观视觉质量评价研究 [D]. 东北林业大学, 2014.

[30] 高正亮, 童辉杰. 积极情绪的作用: 拓展—建构理论 [J]. 中国健康心理学杂志, 2010（2）: 4.

[31] Fredrickson B L, Branigan C. Positive emotions broaden the scope of attention and thought-action repertoires[J]. Cognition & emotion, 2005, 19（3）: 313-332.

[32] Fredrickson B L, Cohn M A, Coffey K A, et al. Open hearts build lives: positive emotions, induced through loving-kindness meditation, build consequential personal resources[J]. Journal of personality and social psychology, 2008, 95（5）: 1045.

[33] Thomas, William Isaac, Znaniecki, Florian, 张友云. 身处欧美的波兰农民 [M]. 译林出版社, 2000.

[34] Belk R W. Situational variables and consumer behavior[J]. Journal of Consumer research, 1975, 2（3）: 157-164.

[35] 李吉林. 情感: 情境教育理论构建的命脉 [J]. 教育研究, 2011, 32（7）: 65-71.

[36] Lutz R J, Kakkar P. The psychological situation as a determinant of consumer behavior[J]. ACR North American Advances, 1975.

[37] 宋书文. 管理心理学词典 [M]. 甘肃人民出版社, 1989.

[38] 谢彦君. 旅游体验的情境模型: 旅游场 [J]. 财经问题研究, 2005（12）: 64-69.

[39] 屈册, 马天. 旅游情境: 在想象与地方之间 [J]. 北京第二外国语学院学报, 2015, 37（3）: 14-21.

[40] 赵男. 旅游情境中的日常理性研究 [D]. 东北财经大学, 2010.

[41] 肖红云. 乡村旅游情境优化设计对策分析 [J]. 产业与科技论坛, 2018, 17（20）:

267–269.

[42] 许春晓，左湘，胡婷，等 . 旅游情境，游客情感与游客忠诚的关系研究——以
岳阳楼—君山旅游区为例 [J]. 华侨大学学报（哲学社会科学版），2018，128（5）：
42–52.

[43] Bainbridge W S. The scientific research potential of virtual worlds[J]. science，2007，
317（5837）：472–476.

环境恢复性感知、情绪和短期工作投入度关系研究

本章以水景观为研究对象，以城市湿地公园和峡谷溪流景区为案例，对比两类景区水景观的环境恢复性感知差异，研究在两类景区环境中水景观的恢复性、情绪和短期工作投入度的三者之间的内在关系和影响机制，为景区景观设计者和管理者科学决策提供建议。

4.1 框架模型与假设

水景观具有较高的环境恢复性，而较高的环境恢复性能产生积极的情绪，减少消极情绪。基于以上研究结论，选择将水景观的环境恢复性感知作为情绪和短期工作投入度的前因变量。

根据积极情绪"拓展—建构"理论，积极的情绪对短期工作投入度有显著的正向影响。本章将恢复性环境诱发的情绪作为影响环境恢复性感知与短期工作投入度的中介变量考虑。

此外，考虑到城市湿地公园和峡谷溪流景区的水景观有较大差异，而有研究明确表明不同水景观产生的情绪存在差异，两类景区的环境恢复性感知对短期工作投入度的影响机制也可能存在差异，因此本章分两种情境研究水景观的环境恢复性感知、情绪和短期工作投入度三者之间的关系（见图 4-1）。

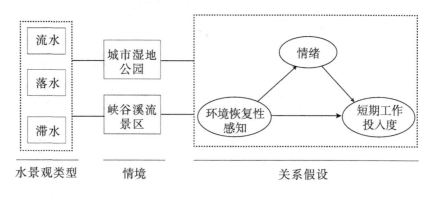

图 4-1　研究框架模型

4.1.1　不同类型水景观环境恢复性差异假设

White（2010）研究发现人们更加偏好有水的自然场景和人工场景，有水的自然场景和人工场景有着更积极的影响力和更强的恢复力[1]。叶婉柔（2013）研究表明不同尺度、类型的水景观恢复力特质存在差异，大尺度、中尺度的流水有较高的魅力特质，且整体恢复性效应较好，不论任何尺度的滞水的兼容性都高于其他水景观[2]。

对西安市浐灞国家湿地公园、汉城湖遗址公园和昆明池公园实地调查发现，城市湿地公园的地形起伏落差不超过 10 米，水景观类型以大面积滞水和平缓的流水为主，落水景观很少，湖泊和河道都经过大面积人工修整，河道堤岸比较规整，人们可参与的活动有步行观景、乘船游湖和小型游乐园项目。对太平森林公园、高冠瀑布、重渡沟和八里沟实地调查发现，峡谷溪流景区的水景观以流速较快流水和落水为主，尺度大小不一，滞水以潭池为主，面积都比较小。人们可参与的活动有登山、乘船游湖、漂流和打水仗等。我们邀请了 6 名专家，根据自身实际经历和小组讨论，并结合 21 名受访者的访谈内容总结出城市湿地公园与峡谷溪流景区的水景观差异（见表 4-1）。

表 4-1　　　　　　　城市湿地公园与峡谷溪流景区水景观特征对比

	流水	落水	滞水	与水接触意愿
城市湿地公园	有较宽河道、水渠，地势落差小，流速平缓	以人工修建的台阶式跌水景观为主，数量较少	以湖泊为主，面积较大，水面比较平静	水质浑浊，接触意愿较低
峡谷溪流景区	洞水和漂流河道，地势落差较大，流速较快	自然形成的落差较大的瀑布和落差较小的跌水，数量较多	小面积潭池，或有小型水库	水质清澈，接触意愿较高

以实地考察的三个城市湿地公园和四个峡谷溪流景区为代表，对比城市湿地公园和峡谷溪流景区的滞水面积、流水和落水景观的数量，在不考虑大型水库的情况下，城市湿地公园的单个滞水面积普遍要大于峡谷溪流景区，流水和落水景观数量要小于峡谷溪流景区。城市湿地公园和峡谷溪流景区的水景观有很大差别，基于环境恢复性的远离、魅力和兼容性三个特征，提出以下假设。

H1：城市湿地公园与峡谷溪流景区的水景观环境恢复性有显著差异。

H1a：城市湿地公园与峡谷溪流景区的水景观在"远离"方面有显著差异。

H1b：城市湿地公园与峡谷溪流景区的水景观在"魅力"方面有显著差异。

H1c：城市湿地公园与峡谷溪流景区的水景观在"兼容性"方面有显著差异。

4.1.2 水景观环境恢复性与情绪的关系假设

Ulrich（1981）研究发现水景观和植被景观，比城市景观更有效地吸引人们的注意力和兴趣[3]。已有研究表明，恢复性环境对人的情绪具有积极作用[4]，含有水元素的景观尤为明显[1]。在叶婉柔和欧圣荣（2013）的研究中，不同类型、不同尺度的水景观所具有的恢复特质有所差异[2]。基于前人水景观具有较高恢复性的研究结论，提出以下三个假设。

H2：城市湿地公园的水景观的环境恢复性感知对积极情绪存在显著的正向直接影响。

H3：峡谷溪流景区的水景观的环境恢复性感知对积极情绪存在显著的正向直接影响。

H4：城市湿地公园与峡谷溪流景区测得的积极情绪存在显著性差异。

4.1.3 水景观环境恢复性与短期工作投入度的关系假设

压力缓解理论的相关文献综述已表明，自然景观比城市景观的环境恢复性效应更好。但尚未有研究明确表明环境恢复性与人们的短期工作投入度之间存在关系，提出以下假设。

H5：城市湿地公园的水景观的环境恢复性感知对短期工作投入度存在显著的正向直接影响。

H6：峡谷溪流景区的水景观的环境恢复性感知对短期工作投入度存在显著的正向直接影响。

此外，几乎没有文献支撑我们准确了解人们从城市湿地公园和峡谷溪流景区回来后拥有的短期工作投入度有无差异，孰高孰低。从短期工作投入度的三个维度考虑，我们不妨作出以下假设。

H7：人们从峡谷溪流景区回来拥有的短期工作投入度与从城市湿地公园回来具有显著性差异。

H7a：人们从峡谷溪流景区回来拥有的工作活力与从城市湿地公园回来具有显著性差异。

H7b：人们从峡谷溪流景区回来拥有的工作奉献与从城市湿地公园回来具有显著性差异。

H7c：人们从峡谷溪流景区回来拥有的工作专注与从城市湿地公园回来具有显著性差异。

4.1.4 中介关系

压力缓解理论相关研究已经证明，自然环境包括水景观具有较好的恢复作用，对情绪具有积极作用，也就是说水景观的恢复性能促使人们产生积极情绪。而积极情绪"拓展—建构"理论的相关研究表明，积极情绪对短期工作投入度具有显著的正向影响。那么情绪在水景观环境恢复性感知与短期工作投入度之间是否存在中介作用呢？据此提出以下假设。

H8：积极情绪在城市湿地公园的水景观环境恢复性感知与短期工作投入度之间发挥中介作用。

H9：积极情绪在峡谷溪流景区的水景观环境恢复性感知与短期工作投入度之间发挥中介作用。

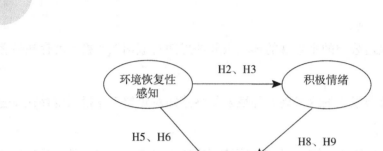

图4-2　水景观环境恢复性感知、情绪和短期工作投入度之间的假设关系

4.2　量表选择与问卷确定

4.2.1　量表选择

1. 恢复性环境量表

1996年，Hartig等编制的恢复性感知量表（PRS）维度分为：远离、魅力、延展和兼容性[5]。该量表有16个项目，项目均以陈述句形式出现，要求被试在0（"一点都不是"）到6（"完全是"）的7点量表上，对项目进行一一评分。例如，项目包含"这个地方有吸引人的特点""这里是令人感觉混乱的地方"等。某个环境的PRS得分越高，表明这个环境对于被试来说是恢复性越高的，反之则相反。该量表测量所使用的7点量表和得分规则，被后续环境恢复性相关量表普遍采用，本章对环境恢复性感知的测量将同样采用7点量表和得分规则。

随着恢复性环境的维度不断被赋予新的含义，PRS不断被国内外学者修订，如Hartig等（1997）的PRS-26量表[6]，Laumann等（2001）的PRS-22量表[7]，Pasini等（2014）的适用于西方国家的PRS-11量表[8]。国外开发的环境恢复性感知量表相比国内更加成熟，由于翻译语义差异，测量题项难以被大部分中国人理解，因此不纳入本研究量表的选择范围。

国内 PRS 开发成果并不多。叶柳红等（2010）编制的博物馆 PRS-22 量表[9]，虽然有研究使用该量表对不同环境的恢复性进行测量[10]，然而含有反向计分，计分规则较为复杂。黄章展等（2008）修订的包含三个维度的 PRS-9 量表，是国内少有且题项容易理解的环境恢复性感知量表，已被用于测量山景[11]、植物景观[12]和温泉公园[13]的环境恢复性效应，拥有较好的信度效度。本章的环境恢复性感知测量将采用黄章展的 PRS-9 量表，该量表的三个维度分别包含三个测量题项，均为陈述句，采用 7 点量表（0 表示"完全不符合"，6 表示"完全符合"）测量。

2. 情绪量表

国内对情绪与短期工作投入度的研究普遍采用 PANAS[14-16]，因此本研究对情绪的测量也将采用邱林等（2008）的 PANAS[17]。该量表分为积极情绪（PA）和消极情绪（NA）两个维度，共 18 个测量项，每个维度 9 个测量项，采用李克特 5 点量表（0 表示"几乎没有"，4 表示"非常强烈"）测量，题项得分越高，表明该情绪感受越强烈。

3. 工作投入度量表

工作投入度量表有 UWES-17 和 UWES-9 两种。Schaufeli 等（2006）在 1999 年到 2003 年通过大量的调查研究，涉及 10 个国家（澳大利亚、比利时、加拿大等），收集了 14521 个不同职业被试的数据，采用结构方程模型检验 UWES 因素结构，研究结果证实 UWES-9 与 UWES-17 共享 80% 的变量，内部一致性系数比较高。因此可以认为，UWES-9 问卷可以替代最初的 UWES-17 问卷，能够较好地评价工作投入度[18]。

工作投入度量表（UWES-9）已在国内得到广泛使用，共 9 个测量题项，包含三个维度：专注、奉献和活力，每个维度有三个测量题项，均为陈述句，采用 7 点量表（0 表示"完全不符合"，6 表示"完全符合"）测量。

4.2.2 问卷设计与数据采集

数据采集前期以问卷调查为主，问卷主要分为四个部分。第一部分是被调查者的个人基本信息和概况。个人基本信息包括性别、年龄、收入、职业和工作生活城市等，概况包括被调查者第几次来到这里、出游天数、交通方式和参与的游览活动等。第二部分为环境恢复性感知量表，共9个陈述句，采用7点量表测量。为使被调查者明白问卷主旨在于对水景观的环境恢复性调查，对测量题项的语句描述进行修改，突出水景观这一调查对象。第三部分为PANAS，共18个情绪词汇，采用李克特5点量表进行测量，分值从小到大为0~4，0表示"几乎没有/微弱"，2为中间值表示"一般"，4表示"非常强烈"。第四部分为短期工作投入度量表，共9个题项，采用7点量表测量，分值从小到大为0~6，0表示"完全不符合"，3为中间值表示"一般"，6表示"完全符合"。

每份问卷分两次发放。第一次发放时间是每周六或周日，在城市湿地公园和峡谷溪流景区现场发放，发放的问卷包含前三部分内容，给予被调查者小礼品奖励。征得调查对象同意后，通过扫码进入微信群以进行短期工作投入度回访调查，在其填写的问卷上记录微信昵称。因为需要收集被调查者的短期工作投入度数据，问卷需要分两次发放。第二次发放时间为次周的周二下午5点，限定填写时间截至周三晚上8点，通过网络链接方式发到微信群，发放的问卷内容以第四部分为主，同时加入微信昵称和性别问题，以便与第一次回收的问卷对应起来形成一份完整的样本数据。

问卷发放时间集中在2019年5月28日至2019年8月4日，调研期间如果一周内含有节假日，这周则不发放问卷。现场问卷遵循随机发放原则，被调查者自愿填写，如果遇到结伴而行的人群，则只取其中一半数量的人进行问卷调查。问卷量表部分填写不完整或被调查者填写的问卷具有明显的逻辑问题，则视为无效问卷。

城市湿地公园问卷发放地点为西安市浐灞国家湿地公园、汉城湖遗址公园和昆明池公园，现场发放 283 份问卷，现场回收 274 份问卷，回收率为 96.82%。在通过微信群获得的回访数据中，删掉微信昵称与之前问卷记录不一致且无法确认填写对象的回访数据，最后获得 148 份有效回访数据。

峡谷溪流景区问卷发放地点为西安太平峪国家森林公园、高冠瀑布景区，洛阳重渡沟鸡公峡景区和新乡八里沟景区。现场发放 240 份问卷，现场回收 226 份问卷，回收率为 94.17%。在通过微信群获得的回访数据中，删掉微信昵称与之前问卷记录不一致且无法确认填写对象的回访数据，最后获得 102 份有效回访数据。

1. 城市湿地公园样本数据统计

城市湿地公园问卷发放地点为西安市浐灞国家湿地公园、汉城湖遗址公园和昆明池公园，水景观的环境恢复性感知和情绪问卷现场发放 283 份，现场回收 274 份问卷，回访获得的有效短期工作投入度问卷 148 份。被调查者只有现场回收问卷和回访问卷全部填写有效的情况下才被计入完整样本，完整样本数据共 148 份，城市湿地公园水景观的环境恢复性、情绪和短期工作投入度的关系研究也将以这 148 份数据进行验证。

在获得的 148 份有效样本中，男性占 47.97%，女性占 52.03%。约 82% 的被调查对象年龄在 18~40 岁，本科学历占 41.22%，大专学历占 25.00%。出游同伴选择朋友同事（同学）占比 35.81%，亲戚家人占比 54.73%，两者总占比为 90.54%，被调查者中 91.89% 为一日游。此外 83.11% 的被调查者表示在城市湿地公园中的活动只有步行，仅有 16.22% 的被调查者体验了乘船游湖项目。在职业调查中，17.57% 的被调查者是学生，其他均为社会各行各业工作者。由于问卷发放地点均在西安市，有 124 名被调查者来自西安，占总样本的 83.8%。在出行方式上，除去 37 份样本缺失该数据外，剩余 111 份样本按比例从大到小排序前三的交通方式有：自驾占 35.8%，市内公交占 16.2%，打车和自行车骑行并列占比 8.8%。

2. 峡谷溪流景区样本数据统计

峡谷溪流景区问卷发放地点为西安市太平峪国家森林公园、高冠瀑布，洛阳重渡沟景区和新乡八里沟景区，水景观的环境恢复性感知和情绪问卷现场发放240 份，现场回收 226 份问卷，回访获得的有效短期工作投入度问卷 102 份。被调查者只有现场回收问卷和回访问卷全部填写有效的情况下才被计入完整样本，完整样本数据共 102 份，峡谷溪流景区水景观的环境恢复性、情绪和短期工作投入度的关系研究也将以这 102 份数据进行验证。

在获得的 102 份有效样本中，男性占 53.92%，女性占 46.08%。85.29% 的被调查对象年龄在 18~40 岁，本科学历占 54.90%，大专学历占 26.47%，与城市湿地公园的样本相比，本科和大专学历占比更高。出游同伴选择朋友同事（同学）占 38.24%，亲戚家人占 44.12%，然而在实际情况中，有不少被调查者是与朋友同学或亲戚家人一起选择跟旅行团出游。被调查者中 45.10% 为一日游，49.02% 为两日游。此外 78.43% 的被调查者表示在峡谷溪流景区中的活动主要是步行，有 3.92% 的被调查者体验了乘船游湖项目，11.76% 的被调查者体验了漂流项目。在职业调查中，22.55% 的被调查者是学生，其他均为社会各行各业工作者。由于太平峪国家森林公园和高冠瀑布在西安市，这两个地点的被调查者有 96% 来自西安，而重渡沟和八里沟的被调查者有 40.26% 来自河南郑州，其次是河南洛阳和新乡。对于峡谷溪流景区而言，自驾为主要的出行方式，占 61.76%。此外对于没有私家车的游客而言，旅游团和景区外部交通线路成为最好的选择，因此选择大巴或班车出行的被调查者占 32.35%。

相比城市湿地公园，峡谷溪流景区的游览人群更集中在青壮年阶段，老人和小孩群体要比城市湿地公园少。此外，峡谷溪流景区跟团出游群体要多于城市湿地公园。城市湿地公园和峡谷溪流景区的游览人群虽然均以步行为主要活动，但由于漂流比乘船游湖体验更刺激，因而峡谷溪流景区的活动参与占比要稍高于城市湿地公园。

4.2.3　访谈调研

访谈调研在问卷调查分析之后展开，访谈的目的在于进一步解释水景观环境恢复性、情绪和短期工作投入度之间的关系，以及城市湿地公园和峡谷溪流景区两类地点恢复性、情绪和短期工作投入度差异的影响因素。访谈内容将涉及受访者的亲身经历，受访者须真实地回答自己的感受和体验。

访谈通过电话进行。Lottrup 等（2012）认为在办公室久坐不动的员工承受着较大的工作压力，需要绿色的户外活动以减少压力[19]。为了获得较好的访谈效果，排除受访者因自身情况而对城市湿地公园和峡谷溪流景区的恢复性不敏感这种情况，受访者需要符合以下要求：①年龄不超过 40 岁；②要求至少连续参加工作一年，主要为了排除受访者自身因素影响，需要受访者对自己的工作内容熟悉和了解，或者已经适应自己的工作内容；③朝九晚五工作制，每天固定工作时间不低于 8 小时。受访者需要每天工作固定的时长，以便形成稳定的工作习惯，避免因难以适应工作强度而对环境恢复性感知不明显；④一周至少工作 5 天且工作场所固定，排除需要经常出差等职业人群。

总共获得 21 名受访者的电话访谈数据，每位受访者访谈时间为 15~25 分钟，年龄在 21~37 岁，其中 6 名受访者已婚，3 名受访者家中有小孩。访谈内容包括对城市湿地公园和峡谷溪流景区的水景观认知和情绪体验，自身经历和游后感受等。

4.3　城市湿地公园与峡谷景区变量对比分析

4.3.1　环境恢复性感知对比分析

城市湿地公园的水景观环境恢复性感知量表数据现场回收 274 份，完整样本数据包含的环境恢复性感知量表数据有 148 份。峡谷溪流景区的水景观环境恢复性感知量表数据现场回收 226 份问卷，完整样本数据包含的环境恢复性感知量表数据有 102 份，现场回收的水景观环境恢复性感知量表数据包含完整样本数据。本章所使用的环境恢复性量表包含三个维度：远离、魅力和兼容性。分别计算三个维度的题项的平均得分，用 SPSS21.0 分别对现场回收的环境恢复性量表数据和完整样本数据的环境恢复性感知量表数据进行独立样本 t 检验，以类型为分组变量，组 1 为城市湿地公园，组 2 为峡谷溪流景区，结果见表 4-2、表 4-3。

表 4-2　　　　　　　　　　环境恢复性感知量表各维度统计量

样本	维度	类型	N	均值	标准差	均值的标准差
现场回收样本	远离	1	274	4.2238	1.23285	0.07448
		2	226	4.2271	1.21046	0.08052
	魅力	1	274	3.7822	1.34701	0.08138
		2	226	3.8555	1.24712	0.08296
	兼容性	1	274	3.6824	1.40023	0.08459
		2	226	3.4484	1.38155	0.09190
完整样本	远离	1	148	4.2613	1.21439	0.09982
		2	102	4.4281	1.22529	0.12132
	魅力	1	148	3.7680	1.36286	0.11203
		2	102	3.9051	1.21534	0.12034
	兼容性	1	148	3.7545	1.36546	0.11224
		2	102	3.4478	1.42398	0.14099

注：类型 1 为城市湿地公园，类型 2 为峡谷溪流景区。

表 4-3　　　　　　　　　环境恢复性感知量表各维度独立样本 t 检验

样本	维度	假设	方差方程的Levene检验		均值方程的t检验						
			F	Sig.	t	df	Sig.（双侧）	均值差值	标准误差值	95%置信区间	
										下限	上限
现场回收样本	远离	假设方差相等	0.094	0.759	−0.030	498	0.976	−0.003	0.110	−0.219	0.213
		假设方差不相等			−0.030	483.200	0.976	−0.003	0.110	−0.219	0.212
	魅力	假设方差相等	1.668	0.197	−0.625	498	0.532	−0.073	0.117	−0.303	0.157
		假设方差不相等			−0.630	491.369	0.529	−0.073	0.116	−0.302	0.155
	兼容性	假设方差相等	0.572	0.450	1.882	498	0.060	0.235	0.125	−0.010	0.481
		假设方差不相等			1.884	482.388	0.060	0.235	0.125	−0.010	0.481
完整样本	远离	假设方差相等	0.040	0.841	−1.063	248	0.289	−0.167	0.157	−0.476	0.142
		假设方差不相等			−1.062	216.017	0.290	−0.167	0.158	−0.476	0.143

续表

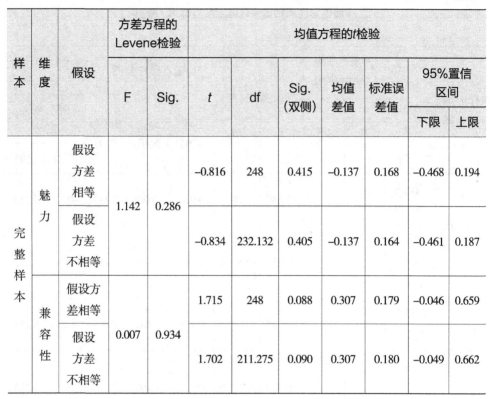

样本	维度	假设	方差方程的Levene检验		均值方程的t检验							
			F	Sig.	t	df	Sig.（双侧）	均值差值	标准误差值	95%置信区间		
										下限	上限	
完整样本	魅力	假设方差相等	1.142	0.286	−0.816	248	0.415	−0.137	0.168	−0.468	0.194	
		假设方差不相等			−0.834	232.132	0.405	−0.137	0.164	−0.461	0.187	
	兼容性	假设方差相等	0.007	0.934	1.715	248	0.088	0.307	0.179	−0.046	0.659	
		假设方差不相等			1.702	211.275	0.090	0.307	0.180	−0.049	0.662	

对比表4-2现场回收样本和完整样本的远离、魅力、兼容性的均值和标准差，数值非常相近，无显著性差异，表明完整样本的数据具有代表性。对远离、魅力和兼容性的得分进行单样本 t 检验，检验值为3，p 值为0，远小于0.05，也就是说在95%的置信水平下，城市湿地公园和峡谷溪流景区的远离、魅力和兼容性的得分与7点量表的中间值"3"有显著性差异，表明城市湿地公园和峡谷溪流景区在远离、魅力和兼容性方面分值较高，而且远离得分最高，其次是魅力和兼容性。

从均值和标准差比较而言，峡谷溪流景区的远离分值与城市湿地公园相差无几，魅力分值要高于城市湿地公园，兼容性分值却低于城市湿地公园。就距离城市中心的路程而言，峡谷溪流景区确实在地理距离上要远于城市湿地公园，但二者的远离得分相差无几，可以说明远离与地理空间距离并无太大关系。峡谷溪流景区的水景观由于地势起伏落差较大，极富动态之美，因此魅力分值要高于城市湿地公园。但由于娱乐项目开发受限于环境，人们可供选择的选项较少，而且项目的消费价格比较高，因而兼容性要低于城市湿地公园。

由表 4–3 可知，无论是现场回收的样本，还是完整的数据样本，环境恢复性感知的三个维度的独立样本 t 检验 p 值都大于 0.05，无法拒绝原假设，即城市湿地公园和峡谷溪流景区的水景观环境恢复性感知的三个维度无显著性差异。将完整样本数据环境恢复性感知量表三个维度的得分相加得到环境恢复性感知总得分，同样采用独立样本 t 检验，Sig.（双侧）的 p 值等于 0.730，远大于 0.05，即城市湿地公园的水景观环境恢复性感知与峡谷溪流类景区无显著性差异，因此可以拒绝 H1 及其分假设。

4.3.2 情绪对比分析

正性负性情绪量表（PANAS）的数据同环境恢复性感知量表的样本数据一样，有现场回收样本数据和完整样本数据，现场回收的 PANAS 数据包含完整样本数据。PANAS 分为两个维度，共 18 个情绪词汇，积极情绪维度 9 个、消极情绪维度 9 个，维度得分等于该维度所有情绪词汇得分平均值，分值为 0~4。

消极情绪维度得分区间为 [0，1]，而且得分 0 的频率最高。将完整样本数据的消极情绪维度的 9 个情绪词汇得分进行单样本 t 检验，检验值为 0，最大的 p 值等于 0.014，小于 0.05，也就是说在 95% 的置信水平下，消极情绪各个情绪得分与 0 无显著性差异。这表明人们在城市湿地公园和峡谷溪流景区获得的情绪都是积极情绪，消极情绪非常微弱或几乎没有。

积极情绪得分区间为 [0.33，4]，最高频率得分为 2.56。将完整样本数据的积极情绪维度的 9 个情绪得分进行单样本 t 检验，检验值为 2。结果发现，自豪和感激得分的 p 值大于 0.05，其他积极情绪词汇得分的 p 值都小于 0.05，也就是说在 95% 的置信水平下，自豪和感激情绪得分与 5 点量表中间值 "2" 无显著性差异，而其他积极情绪词汇得分都显著大于 2。这表明在城市湿地公园和峡谷溪流景区人们都产生了较高的积极情绪，自豪和感激情绪一般（见表 4–4）。因此在后续的研究中，我们将以积极情绪作为研究对象。

表 4-4　　　　　　　　　　　PANAS 积极情绪统计量

样本	情绪	类型	N	均值	标准差	均值的标准差
现场回收样本	活跃	1	274	2.36	0.888	0.054
		2	226	2.42	0.830	0.055
	充满热情	1	274	2.51	0.992	0.060
		2	226	2.54	0.870	0.058
	快乐	1	274	2.79	0.932	0.056
		2	226	2.86	0.850	0.057
	兴高采烈	1	274	2.51	0.995	0.060
		2	226	2.59	0.926	0.062
	兴奋	1	274	2.41	1.002	0.061
		2	226	2.51	0.990	0.066
	自豪	1	274	2.09	1.106	0.067
		2	226	1.98	1.196	0.080
	欣喜	1	274	2.62	0.943	0.057
		2	226	2.59	0.999	0.066
	精力充沛	1	274	2.80	0.986	0.060
		2	226	2.63	1.03	0.069
	感激	1	274	2.11	1.117	0.067
		2	226	1.78	1.259	0.084
	积极情绪	1	274	2.4667	0.75760	0.04577
		2	226	2.4336	0.72743	0.04839

样本	情绪	类型	N	均值	标准差	均值的标准差
完整样本	活跃	1	148	2.35	0.880	0.072
		2	102	2.40	0.799	0.079
	充满热情	1	148	2.50	0.972	0.080
		2	102	2.52	0.754	0.075
	快乐	1	148	2.82	0.911	0.075
		2	102	3.00	0.718	0.071
	兴高采烈	1	148	2.48	1.013	0.083
		2	102	2.62	0.797	0.079
	兴奋	1	148	2.39	1.001	0.082
		2	102	2.55	0.897	0.089
	自豪	1	148	2.00	1.063	0.087
		2	102	1.77	1.062	0.105
	欣喜	1	148	2.65	0.954	0.078
		2	102	2.69	0.944	0.093
	精力充沛	1	148	2.78	0.980	0.081
		2	102	2.62	0.912	0.090
	感激	1	148	2.09	1.118	0.092
		2	102	1.67	1.197	0.119
	积极情绪	1	148	2.4512	0.74148	0.06095
		2	102	2.4259	0.63436	0.06281

注：类型1为城市湿地公园，类型2为峡谷溪流景区。

表4-5　　　　　　　　　　　PANAS积极情绪独立样本 *t* 检验

| 样本 | 维度 | 假设 | 方差方程的Levene检验 | | 均值方程的*t*检验 | | | | | 差分的95%置信区间 | |
			F	Sig.	*t*	df	Sig.（双侧）	均值差值	标准误差值	下限	上限
现场回收样本	感激	假设方差相等	5.809	0.016	3.069	498	0.002	0.326	0.106	0.117	0.535
		假设方差不相等			3.034	454.336	0.003	0.326	0.108	0.115	0.538
	积极情绪	假设方差相等	0.273	0.602	0.495	498	0.621	0.033	0.068	−0.098	0.164
		假设方差不相等			0.497	486.653	0.619	0.033	0.067	−0.098	0.164
完整样本	感激	假设方差相等	1.465	0.227	2.844	248	0.005	0.421	0.148	0.129	0.713
		假设方差不相等			2.808	207.508	0.005	0.421	0.150	0.125	0.717
	积极情绪	假设方差相等	2.923	0.089	0.281	248	0.779	0.025	0.090	−0.152	0.203
		假设方差不相等			0.289	236.614	0.773	0.025	0.088	−0.147	0.198

对比表4-4回收样本和完整样本的各个情绪词汇和积极情绪得分的均值和标准差，数值非常相近，差值不大于0.2，无显著性差异，表明完整样本的数据能够代表回收的样本数据。此外，被调查者在城市湿地公园和峡谷溪流景区产生所

有情绪维度中得分最高的维度均为"快乐"和"精力充沛"，但峡谷溪流景区的"快乐"情绪得分均值大于城市湿地公园，"精力充沛"情绪得分均值小于城市湿地公园。

对积极情绪各个情绪得分进行独立样本 t 检验，以类别为分组变量，组 1 为城市湿地公园，组 2 为峡谷溪流景区。结果显示除"感激"情绪外，其他情绪词汇的 p 值都大于 0.05，即在 95% 的置信水平下，被调查者在城市湿地公园和峡谷溪流景区产生的"活跃""充满热情""快乐""兴高采烈""兴奋""自豪""欣喜""精力充沛"积极情绪得分无显著性差异。由表 4–5 可知，无论是现场回收的样本，还是完整的数据样本，积极情绪总体得分的独立样本 t 检验 p 值都大于 0.05，无法拒绝原假设，即人们在城市湿地公园和峡谷溪流景区的积极情绪总体上并无显著性差异。然而无论是现场回收的样本，还是完整的数据样本，"感激"情绪的独立样本 t 检验 p 值都要小于 0.05，表明被调查者在城市湿地公园和峡谷溪流景区产生的"感激"情绪在 95% 置信水平下存在显著性差异，人们在城市湿地公园的"感激"情绪要显著大于峡谷溪流景区，这一点可能与城市湿地公园免费入内相关。因此，H4 可部分接受。

4.3.3　短期工作投入度对比分析

短期工作投入度量表仅有完整样本数据，从城市湿地公园获得的短期工作投入度数据共 148 份，从峡谷溪流景区获得的短期工作投入度数据共 102 份。研究所使用的短期工作投入度量表包含三个维度：活力、奉献和专注。维度得分等于该维度包含题项的平均得分，分值为 0~6 分。短期工作投入度得分等于维度得分均值。

用城市湿地公园的短期工作投入度样本数据，对活力、奉献和专注三个维度和短期工作投入度得分进行单样本 t 检验，检验值为 3。表 4–6 结果显示 p 值均为 0.000，远小于 0.05，也就是说在 95% 置信水平下，被调查者从城市湿地公园回来后短期内的工作活力（均值 3.7252 ± 1.24401）、奉献（均值 3.8131 ± 1.28025）、专注（均值 3.6779 ± 1.30608）及总体短期工作投入度（均值 3.7365 ± 1.20449）均显著大于 7 点量表的中间值 "3"。这表明被调查者从城市湿地公园游览回来后短期内拥有较高的总体短期工作投入度，包括较高的工作活力、奉献和专注。

表 4-6　　城市湿地公园的短期工作投入度及维度的单样本 t 检验

	t	df	Sig.（双侧）	均值差值	差分的95%置信区间	
					下限	上限
活力	7.092	147	0.000	0.725	0.523	0.927
奉献	7.726	147	0.000	0.813	0.605	1.0210
专注	6.315	147	0.000	0.678	0.466	0.890
短期工作投入度	7.439	147	0.000	0.736	0.541	0.932

注：检验值 =3。

对峡谷溪流景区短期工作投入度样本数据采取进行同样处理，对活力、奉献和专注三个维度和短期工作投入度得分进行单样本 t 检验，检验值为 3。表 4-7 结果显示活力、奉献和总体短期工作投入度 p 值小于 0.05，也就是说在 95% 置信水平下，被调查者从峡谷溪流景区回来后短期内的工作活力（均值 3.2649 ± 1.20638）、奉献（均值 3.4149 ± 1.20385）、专注（均值 3.1992 ± 1.14831）及总体短期工作投入度（均值 3.2930 ± 1.14831）均显著大于 7 点量表的中间值 "3"。而专注维度的 p 值等于 0.120，大于 0.05，也就是说在 95% 置信水平下，被调查者从城市湿地公园回来后短期内的工作专注（均值 3.1992 ± 1.14831）与 7 点量表的中间值 "3" 无显著性差异。这表明被调查者从峡谷溪流景区游览回来后短期内拥有较高的总体短期工作投入度，包括较高的工作活力和奉献，而专注程度一般。而且从城市湿地公园回来的被调查者拥有的总体工作投入度及工作投入的各个维度得分均高于从峡谷溪流景区回来的被调查者。

表 4-7　　　　　峡谷溪流景区的短期工作投入度及维度的单样本 t 检验

	t	df	Sig.（双侧）	均值差值	差分的95%置信区间	
					下限	上限
活力	2.217	101	0.029	0.26487	0.0279	0.5018
奉献	3.481	101	0.001	0.41493	0.1785	0.6514
专注	1.567	101	0.120	0.19925	−0.0529	0.4514
短期工作投入度	2.577	101	0.011	0.29303	0.0675	0.5186

注：检验值 =3。

用 SPSS21.0 分别对城市湿地公园与峡谷溪流景区的短期工作投入度数据进行方差齐性检验和单因素方差分析。方差齐性检验结果显示，活力、奉献和专注的显著性 p 值分别是 0.852、0.486 和 0.722，短期工作投入度得分 p 值为 0.927，均远大于 0.05，满足方差齐性的条件。

表 4-8　　　　　　短期工作投入度及维度单因素方差分析

		平方和	df	均方	F	Sig.
活力	组间	12.797	1	12.797	8.475	0.004
	组内	374.483	248	1.510		
	总数	387.280	249			
奉献	组间	9.571	1	9.571	6.129	0.014
	组内	387.314	248	1.562		
	总数	396.885	249			

		平方和	df	均方	F	Sig.
专注	组间	13.836	1	13.836	8.223	0.004
	组内	417.261	248	1.683		
	总数	431.097	249			
短期工作投入度	组间	11.996	1	11.996	8.589	0.004
	组内	346.384	248	1.397		
	总数	358.380	249			

表 4-8 结果显示，总体短期工作投入度及三个维度的 p 值均小于 0.05，可拒绝原假设，也就是说在 95% 置信水平下，人们从城市湿地公园与峡谷溪流景区回来后拥有的短期工作投入度及工作的活力、奉献和专注都有显著性差异。同时结合前文结论，即从城市湿地公园回来的被调查者拥有的总体工作投入度及工作投入度的各个维度的显著性大于从峡谷溪流景区回来的被调查者。因此，H7 及其分假设可接受。

4.4 城市湿地公园环境恢复性感知、情绪和工作投入度关系分析

4.4.1 相关性分析

对被调查者基本特征信息和研究变量作皮尔森（Pearson）相关性分析，见表 4-9。结果显示城市湿地公园的样本数据中，性别与环境恢复性感知、积极情绪和短期工作投入度不存在显著性相关关系。年龄与积极情绪和短期工作投入度之间虽然存在 0.05 置信水平下的显著性相关关系，但相关系数低于 0.2，相关性低。受教育水平与积极情绪之间存在 0.01 置信水平下的显著性负相关关系，但相关性比较低。收入水平与短期工作投入度之间存在 0.05 置信水平下的显著性相关

关系，相关性低。

在 0.01 置信水平下，研究变量之间存在显著性相关关系，相关系数大于 0.4，相关性较高，而环境恢复性感知与积极情绪之间的相关系数为 0.7，相关性非常高。

表 4-9　　　　　　　　　　　　城市湿地公园相关性分析

	环境恢复性感知	积极情绪	短期工作投入度
积极情绪	0.700**		
短期工作投入度	0.438**	0.442**	
性别	0.113	0.110	−0.091
年龄	0.090	0.174*	0.191*
受教育水平	−0.149	−0.222**	−0.118
收入水平	0.038	0.024	0.174*

注：* 在 0.05 水平（双侧）上显著性相关，** 在 0.01 水平（双侧）上显著性相关。

然而相关性分析只能表明研究变量之间存在显著性相关关系，而不能揭示变量之间的因果关系，也不能说明变量之间直接影响与间接影响的关系。为了进一步揭示城市湿地公园研究变量之间的关系，接下来将用 AMOS22.0 构建结构方程模型。

4.4.2 信度、效度检验

信度、效度是对量表的可靠性和测量正确性的评价，只有在确保数据可靠有效的基础上才能构建结构方程模型。

信度（reliability）也叫可靠性，通常采用克龙巴赫 α 系数（Cronbach's α）测量。Cronbach's α 值为 0~1，值越高即表示该测验的结果越一致、稳定与可靠，代表着该量表的内部一致性越高，一般 Cronbach's α 大于 0.7，即可认为测量量表具有较好的信度。采用 SPSS21.0 对城市湿地公园的完整样本数据进行可靠性分析，结果发现：环境恢复性评价的远离、魅力和兼容性的可靠性系数 Cronbach's α 分别为 0.747、0.782、0.783，均大于 0.7，工作投入度的各个维度和积极情绪的可靠性系数均在 0.7 以上（见表 4-10），说明问卷所使用的测量量表维度具有较好的内在信度。

由于本研究所使用的量表属于前人开发使用的，本身已经经过研究证明具有较好的内容效度，而且运用 AMOS 软件输出的各项测量指标的标准化因子载荷均大于 0.5，同样说明问卷所使用的量表具有较好的内容效度。此外还需要对量表的结构效度（validity）进行检验。结构效度分为收敛效度和区别效度。

表 4-10　　　　　　　　城市湿地公园完整样本数据测量模型评价

量表/因子	测量指标	均值	标准差	标准化因子载荷	t值	AVE	组合信度（CR）	Cronbach's α
环境恢复性评价								
远离	PRS01	3.59	1.565	0.657	—	0.501	0.7504	0.747
	PRS02	4.58	1.380	0.726	6.018			
	PRS03	4.61	1.519	0.738	6.003			
魅力	PRS04	4.05	1.615	0.623	—	0.563	0.791	0.782
	PRS05	3.46	1.712	0.724	6.779			
	PRS06	3.79	1.570	0.881	6.428			
兼容性	PRS07	4.06	1.675	0.661	—	0.557	0.7884	0.783
	PRS08	3.25	1.620	0.849	6.699			
	PRS09	3.95	1.609	0.716	6.873			

续表

量表/因子	测量指标	均值	标准差	标准化因子载荷	t值	AVE	组合信度（CR）	Cronbach's α
情绪								
积极情绪	活跃	2.35	0.880	0.629	—	0.517	0.9049	0.902
	充满热情	2.50	0.972	0.684	7.06			
	快乐	2.82	0.911	0.745	7.539			
	兴高采烈	2.48	1.013	0.825	8.123			
	兴奋	2.39	1.001	0.816	8.058			
	自豪	2.00	1.063	0.651	6.782			
	欣喜	2.65	0.954	0.773	7.747			
	精力充沛	2.78	0.980	0.716	7.317			
	感激	2.09	1.118	0.593	6.286			
工作投入度								
活力	UWES01	4.01	1.340	0.894	—	0.658	0.8468	0.811
	UWES02	3.97	1.325	0.927	10.531			
	UWES05	3.19	1.688	0.561	7.204			
奉献	UWES03	4.04	1.433	0.899	—	0.653	0.8487	0.845
	UWES04	3.54	1.505	0.768	9.404			
	UWES07	3.86	1.457	0.749	9.231			
专注	UWES06	3.89	1.485	0.800	—	0.662	0.8544	0.852
	UWES08	3.78	1.437	0.870	9.903			
	UWES09	3.34	1.533	0.768	9.401			

收敛效度和区别效度通过 CFA 检验。收敛效度检验标准要求测量项目的标准化因子载荷大于 0.5，且 t 值大于 0.196，平均抽取方差 AVE 值大于 0.5，组合信度（CR）大于 0.7。表 4-10 数据显示，所有研究变量的测量维度均符合以上要求，表明量表的收敛效度较好。区别效度检验标准要求平均抽取方差 AVE 值均大于 0.5 且各潜变量 AVE 的平方根必须大于变量间的相关系数。表 4-11 数据表明问卷量表的测量题项的区别效度较高。

表 4-11　　　　城市湿地公园变量各维度 AVE 平方根及相关系数矩阵

	远离	魅力	兼容性	积极情绪	活力	奉献	专注
远离	**0.708**						
魅力	0.558**	**0.750**					
兼容性	0.681**	0.749**	**0.746**				
积极情绪	0.613**	0.590**	0.649**	**0.719**			
活力	0.388**	0.334**	0.331**	0.451**	**0.811**		
奉献	0.394**	0.348**	0.350**	0.366**	0.810**	**0.808**	
专注	0.377**	0.397**	0.377**	0.440**	0.809**	0.805**	**0.814**

注：** 在 0.01 水平（双侧）上显著性相关，加粗数值为 AVE 平方根，其余为各维度变量间的 Pearson 相关系数。

4.4.3 模型拟合优度评价与模型修正

在构建结构方程模型之前，需要先对研究变量进行单因子测量模型评价。将环境恢复性感知量表的三个维度——远离、魅力和兼容性维度下的各个题项分别求取算术平均数作为各维度的分数，短期工作投入度量表的三个维度以同样方法计算得分。然后用 SPSS21.0 对环境恢复性感知量表的三个维度数据、PANAS 中各个积极情绪词汇数据和短期工作投入度维度数据进行中心化处理，即原数据减去该组数据的平均值。将中心化后的数据导入 AMOS22.0 构建结构方程模型，然后对结构方程模型进行修正。

测量模型的拟合优度可以通过近似误差均方根（RMSEA）、拟合优度指数（GFI）、相对拟合指数（CFI）等来衡量。用 AMOS22.0 分别对城市湿地公园的水景观环境恢复性感知、积极情绪和短期工作投入度的测量模型进行拟合优度检验，环境恢复性感知和短期工作投入度测量模型的拟合优度较好，而积极情绪测量模型的拟合优度检验中，RMSEA=0.114 > 0.08，积极情绪的整体拟合优度不达标，需要对积极情绪测量模型进行修正。

通过 SPSS21.0 统计发现"自豪"情绪的均值、中值和众数均是 2，而且对"自豪"情绪进行单样本 t 检验，以"2"为检验值，p 值大于 0.05，结果并无显著性差异。在城市湿地公园环境下，大部分被调查对象认为自己"自豪"情绪"一般"，可以认为"自豪"情绪在测量中并无意义，所以删去该项指标。根据 AMOS 在修正指数默认值 4 的条件下提供的修正意见，在"活跃"与"充满热情"的残差之间添加相关关系。修正后的整体测量模型的拟合度检验如表 4-12 所示，整体测量模型的拟合优度达到要求，修正后的城市湿地公园结构方程模型见图 4-3。

表 4-12　　　　　　城市湿地公园结构方程模型整体拟合系数

拟合指标	Chi-square	Degrees of freedom	X^2/DF	RMSEA	GFI	CFI	IFI	TLI
理想值	—	—	[1, 3]	<0.08	>0.9	>0.9	>0.9	>0.9
修正后的积极情绪指标	19.540	19	1.028	0.014	0.967	0.999	0.999	0.999
整体测量模型	115.763	73	1.586	0.063	0.904	0.968	0.969	0.961

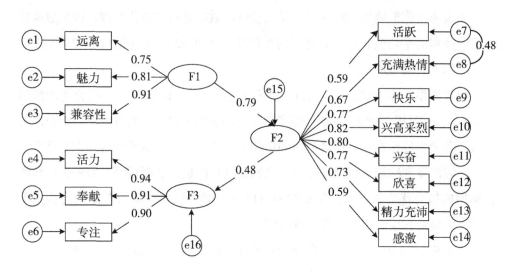

图 4-3　修正的公园结构方程模型

4.4.4 路径分析与假设检验

使用 AMOS22.0 以极大似然估计法，以环境恢复性感知为自变量，积极情绪为中介变量，短期工作投入度为因变量，按照研究假设图 4-2 构建城市湿地公园结构方程模型。由于 F1 到 F3 的路径 p 值等于 0.101，大于 0.05，该路径不显著，也就是说城市湿地公园水景观的环境恢复性感知对短期工作投入度不存在显著的直接影响，可拒绝 H5。删去 F1 到 F3 的路径后，修正的城市湿地公园结构方程模型路径分析结果见表 4-13。

表 4-13　　　修正后的城市湿地公园结构方程模型路径分析

			Unstandardized estimate	S.E.	C.R.	P	Standardized estimate
F2	—	—	0.324	—	6.693		0.770
F3	—	—	1.089		4.913		0.486
兼容性	<---	F1	1.000		—		0.910

			Unstandardized estimate	S.E.	C.R.	P	Standardized estimate
魅力	<---	F1	0.886	0.074	11.951	***	0.807
远离	<---	F1	0.733	0.068	10.739	***	0.750
专注	<---	F3	1.000	—	—		0.898
奉献	<---	F3	0.989	0.059	16.806	***	0.906
活力	<---	F3	0.994	0.055	17.921	***	0.937
活跃	<---	F2	1.000	—	—		0.594
充满热情	<---	F2	1.239	0.137	9.045	***	0.666
快乐	<---	F2	1.350	0.186	7.265	***	0.774
兴高采烈	<---	F2	1.587	0.211	7.522	***	0.818
兴奋	<---	F2	1.530	0.206	7.410	***	0.799
欣喜	<---	F2	1.408	0.194	7.247	***	0.771
精力充沛	<---	F2	1.371	0.196	6.995	***	0.731
感激	<---	F2	1.254	0.210	5.956	***	0.586
e1	<-->	e2	0.245	0.051	4.852	***	0.481

注：1. 表中 F1 为城市湿地公园水景观的环境恢复性感知，F2 为积极情绪，F3 为短期工作投入度。

2. *** 表示在 0.001 水平上显著。

3. e1、e2 分别为"活跃"和"充满热情"的残差。

由表 4-13 可知，F1 到 F2 的路径显著，表明城市湿地公园的水景观环境恢复性感知对情绪有显著的正向直接影响，可接受 H2。

F2 到 F3 的路径显著，而 F1 到 F3 的路径不显著，可以发现 F1 通过 F2 对 F3 产生间接影响，即积极情绪与城市湿地公园的水景观环境恢复性感知与短期工作投入度之间存在中介作用。

4.4.5 中介效应检验

由城市湿地公园的结构方程模型路径分析可知，积极情绪在城市湿地公园的水景观环境恢复性感知与短期工作投入度之间起中介作用。用 AMOS22.0 进行 bootstrap 中介效应检验（见表 4-14），环境恢复性感知对积极情绪无间接效应，总效应与直接效应显著，均为 0.770（$P=0.001 < 0.01$），积极情绪对短期工作投入度的直接效应显著，为 0.486（$p=0.000 < 0.01$），环境恢复性感知对短期工作投入度无直接效应，总效应和间接效应显著，均为 0.374（$p=0.000 < 0.01$）。结果表明在 0.01 置信水平下，积极情绪在环境恢复性感知和短期工作投入度之间中介作用显著，可接受假设 H8。

表 4-14　城市湿地公园结构方程模型的标准化总效应、直接效应、间接效应

变量		总效应	直接效应	间接效应
原因变量	结果变量			
环境恢复性感知	积极情绪	0.770	0.770	0.00
	短期工作投入度	0.374	0.00	0.374
积极情绪	短期工作投入度	0.486	0.486	0.00

由表 4-14 可知，F1 对 F2 的直接效应是 0.770，F2 对 F3 的直接效应是 0.486，F1 对 F3 的间接效应是 0.374，可解释为：城市湿地公园的水景观环境恢复性感知每增加 1 个单位积极情绪增加 0.77 个单位，而人们从城市湿地公园回来后拥有的短期工作投入度增加 0.374 个单位。

4.5　峡谷景区结构方程模型分析与假设验证

4.5.1　相关性分析

对被调查者基本特征信息和研究变量作相关性分析，见表 4-15。结果显示峡谷溪流景区的样本数据中，性别和受教育水平与环境恢复性感知、积极情绪和短期工作投入度不存在显著性相关关系。年龄仅与积极情绪存在 0.05 置信水平下的显著性相关关系，相关性较弱，与短期工作投入度无显著性相关关系。收入水平与短期工作投入度之间存在 0.05 置信水平下的显著性相关关系，相关性较弱。与城市湿地公园样本数据的共同点在于，年龄与积极情绪、收入水平与短期工作投入度之间存在较弱的相关关系。

在 0.01 置信水平下，研究变量之间存在显著性正向相关关系，相关系数大于 0.5，相关性较强。与城市湿地公园的样本数据相比，峡谷溪流景区的被调查者的环境恢复性感知、积极情绪和短期工作投入度的相关性更强。

表 4-15　　　　　　　　　城市湿地公园相关性分析

	环境恢复性感知	积极情绪	短期工作投入度
积极情绪	0.635**		
短期工作投入度	0.619**	0.560**	
性别	0.158	0.017	0.019
年龄	0.172	0.251*	0.139
受教育水平	−0.067	−0.081	−0.056
收入水平	0.057	0.171	0.208*

注：* 表示在 0.05 水平（双侧）上显著性相关，** 表示在 0.01 水平（双侧）上显著性相关。

4.5.2 信度、效度检验

对峡谷溪流景区的完整样本数据进行可靠性分析计算，发现环境恢复性评价的远离（being away）、魅力（fascination）和兼容性（compatibility）的可靠性系数 Cronbach's α 分别为 0.747、0.782 和 0.783，均大于 0.7，工作投入度的各个维度和积极情绪的可靠性系数也均在 0.7 以上（见表 4–16），说明问卷所使用的测量量表维度具有较好的内在信度。

运用 AMOS 软件输出的其余测量指标的标准化因子载荷均大于 0.5，而"精力充沛"的标准化因子载荷等于 0.469，小于 0.5，需要删除该题项。

表 4–16　　　　　　　　城市湿地公园完整样本数据测量模型评价

量表/因子	测量指标	均值	标准差	标准化因子载荷	t值	AVE	组合信度（CR）	Cronbach's α
环境恢复性评价								
远离	PRS01	3.80	1.752	0.640	—	0.602	0.8163	0.747
	PRS02	4.67	1.111	0.916	5.876			
	PRS03	4.81	1.481	0.747	6.162			
魅力	PRS04	4.30	1.399	0.816	—	0.604	0.8193	0.782
	PRS05	3.51	1.546	0.680	6.433			
	PRS06	3.90	1.324	0.826	6.946			
兼容性	PRS07	3.70	1.585	0.637	—	0.640	0.8395	0.783
	PRS08	2.98	1.790	0.885	6.503			
	PRS09	3.67	1.569	0.855	6.561			

量表/因子	测量指标	均值	标准差	标准化因子载荷	t值	AVE	组合信度（CR）	Cronbach's α
情绪								
积极情绪	活跃	2.40	0.799	0.705（0.712）	—	0.4457（0.4722）	0.8752	0.868
	充满热情	2.52	0.754	0.619（0.626）	5.833（5.932）			
	快乐	3.00	0.718	0.632（0.636）	5.957（6.033）			
	兴高采烈	2.62	0.797	0.843（0.847）	7.815（7.935）			
	兴奋	2.55	0.897	0.834（0.845）	7.745（7.920）			
	自豪	1.77	1.062	0.585（0.571）	5.521（5.418）			
	欣喜	2.69	0.944	0.681（0.664）	6.402（6.290）			
	精力充沛	2.62	0.912	0.469	4.447			
	感激	1.67	1.197	0.547（0.525）	5.170（4.987）			
工作投入度								
活力	UWES01	3.57	1.353	0.922	—	0.663	0.853	0.837
	UWES02	3.55	1.248	0.840	8.607			
	UWES05	2.68	1.549	0.659	6.949			

量表/因子	测量指标	均值	标准差	标准化因子载荷	t值	AVE	组合信度（CR）	Cronbach's α
奉献	UWES03	3.63	1.342	0.876	—	0.609	0.8223	0.817
	UWES04	3.18	1.465	0.763	6.870			
	UWES07	3.44	1.411	0.691	6.484			
专注	UWES06	3.26	1.289	0.583	—	0.693	0.8664	0.852
	UWES08	3.28	1.505	0.896	6.570			
	UWES09	3.05	1.576	0.967	6.347			

注：括号中为删除"精力充沛"后的值。

表4-16数据显示，环境恢复性感知和短期工作投入度量表维度的测量项目的标准化因子载荷大于0.5，且t值大于0.196，平均抽取方差AVE值大于0.5，组合信度（CR）大于0.7，表明环境恢复性感知和短期工作投入度量表的收敛效度较好。删去"精力充沛"后，积极情绪的AVE值接近0.5，其他指标符合要求，勉强接受。

此外，环境恢复性感知和短期工作投入度问卷量表的测量题项满足平均抽取方差AVE值均大于0.5且各潜变量AVE的平方根必须大于变量间相关系数的条件（见表4-17），表明环境恢复性感知和短期工作投入度问卷量表的测量题项的区别效度较高。

表4-17　　　　城市湿地公园变量各维度AVE平方根及相关系数矩阵

	远离	魅力	兼容性	活力	奉献	专注
远离	**0.775**					
魅力	0.540**	**0.777**				

	远离	魅力	兼容性	活力	奉献	专注
兼容性	0.537**	0.519**	**0.8**			
活力	0.555**	0.411**	0.489**	**0.815**		
奉献	0.536**	0.405**	0.543**	0.814**	**0.780**	
专注	0.510**	0.364**	0.490**	0.800**	0.779**	**0.832**

注：** 表示在 0.01 水平（双侧）上显著性相关，加粗数值为 AVE 平方根，其余为各维度变量间的 Pearson 相关系数。

4.5.3 模型拟合优度评价与模型修正

分别对峡谷环境恢复性感知、积极情绪和短期工作投入度进行单因子测量模型评价。将环境恢复性感知量表的三个维度：远离、魅力和兼容性维度下的各个题项分别求取算术平均数作为各维度的分数，短期工作投入度的三个维度以同样方法计算得分。然后用 SPSS21.0 对环境恢复性感知量表的三个维度数据、PANAS 情绪量表中各个积极情绪词汇数据和短期工作投入度维度数据进行中心化处理，并将中心化后的数据导入 AMOS22.0 构建结构方程模型，然后对结构方程模型进行修正。

用 AMOS22.0 分别对城市湿地公园的水景观环境恢复性感知、积极情绪和短期工作投入度的测量模型进行拟合优度检验，环境恢复性感知和短期工作投入度测量模型的拟合优度较好。删去"精力充沛"之后，积极情绪测量模型的拟合优度检验指标 RMSEA=0.201 ＞ 0.08，积极情绪的整体拟合优度不达标，需要对积极情绪测量模型做出修正。

通过 SPSS21.0 统计发现峡谷溪流景区样本同城市湿地公园一样，"自豪"情绪的中值和众数均是 2，而且对"自豪"情绪进行单样本 t 检验，以"2"为检验值，p 值大于 0.05，结果并无显著性差异。也就是说在峡谷溪流景区环境下，大部分被调查对象认为自己"自豪"情绪"一般",可以认为"自豪"情绪在测量中并无意义,所以删去该项指标。根据 AMOS 在修正指数默认值为 4 的条件下提供的修正意见,在"活跃"与"充满热情"的残差之间添加相关关系,在"快乐"和"感激"的残差之间添加相关关系。修正后的整体测量模型的拟合优度检验如表 4-18 所示,GFI 指标为 0.898,极其接近 0.9,而其他拟合优度均达到要求,修正后的峡谷溪流景区结构方程模型整体拟合优度可以接受。

表 4-18　　　　　　　　峡谷溪流景区结构方程模型整体拟合系数

拟合指标	Chi-square	Degrees of freedom	X^2/DF	RMSEA	GFI	CFI	IFI	TLI
理想值	—	—	[1, 3]	<0.08	>0.9	>0.9	>0.9	>0.9
修正后的积极情绪指标	14.790	12	1.233	0.048	0.964	0.991	0.991	0.984
整体测量模型	80.772	61	1.258	0.057	0.898	0.973	0.974	0.966

4.5.4 路径分析与假设检验

使用 AMOS22.0 以极大似然估计法,以环境恢复性感知为自变量,积极情绪为中介变量,短期工作投入度为因变量,按照研究假设图 4-2 构建峡谷溪流景区结构方程模型。由于 F2 到 F3 的路径 p 值等于 0.596,大于 0.05,该路径不显著,也就是说峡谷溪流景区的积极情绪对短期工作投入度不存在显著的直接影响,积极情绪也不会在环境恢复性感知与短期工作投入度之间起中介作用,因此拒绝

H9。删去 F2 到 F3 的路径后，修正的峡谷溪流景区结构方程模型路径分析结果见表 4-19。

表 4-19　　　　　　　　修正的峡谷溪流景区结构方程模型路径分析

			Unstandardized estimate	S.E.	C.R.	P	Standardized estimate
F2	<---	F1	0.372	0.071	5.549	***	0.774
F3	<---	F1	0.788	0.112	6.479	***	0.754
远离	<---	F1	0.837	0.120	6.949	***	0.737
专注	<---	F3	1.000	—	—		0.879
奉献	<---	F3	0.966	0.075	12.873	***	0.905
活力	<---	F3	0.970	0.075	12.913	***	0.907
活跃	<---	F2	1.000	—	—		0.684
充满热情	<---	F2	0.809	0.111	7.263	***	0.586
快乐	<---	F2	0.879	0.144	6.123	***	0.670
兴高采烈	<---	F2	1.228	0.163	7.531	***	0.843
兴奋	<---	F2	1.392	0.184	7.568	***	0.848
欣喜	<---	F2	1.167	0.188	6.199	***	0.676
感激	<---	F2	1.162	0.236	4.915	***	0.531
e7	<-->	e8	0.1.55	0.059	3.764	***	0.452
e9	<-->	e13	−0.155	0.059	−2.651	0.008	−0.290

注：1.F1 为城市湿地公园水景观的环境恢复性感知，F2 为积极情绪，F3 为短期工作投入度。

2.*** 表示在 0.001 水平上显著。

3.e7、e8、e9、e13 分别为"活跃""充满热情""快乐""感激"的残差。

由表 4-19 可知，F1 到 F2 的路径显著，表明峡谷溪流景区的水景观环境恢复性感知对情绪有显著的正向直接影响，可接受 H3。F1 到 F3 的路径显著，表明峡谷溪流景区的水景观环境恢复性感知对人们的短期工作投入度有显著的正向直接影响，可接受 H6。

AMOS22.0 输出结果显示，F1 对 F2 的标准化总效应和直接效应为 0.774，F1 对 F3 的标准化总效应和直接效应为 0.754，可以解释为人们对峡谷溪流景区的水景观环境恢复性感知每增加 1 单位，积极情绪增加 0.774 单位，人们从峡谷溪流景区回来拥有的短期工作投入度增加 0.754 单位。

4.6 小结

城市湿地公园的结构方程模型与峡谷溪流景区的结构方程模型共同点体现在水景观的环境恢复性感知对情绪有显著的直接影响，而差异主要表现在两点：第一点是积极情绪的中介作用在城市湿地公园的结构方程模型中显著，而在峡谷溪流景区的结构方程模型中不显著；第二点是在城市湿地公园的结构方程模型中，水景观的环境恢复性感知对短期工作投入度只存在显著的间接影响，而在峡谷溪流景区中，水景观的环境恢复性感知对短期工作投入度只存在显著的直接影响。

从数据上看，城市湿地公园与峡谷溪流景区的水景观环境恢复性感知三个维度并无显著性差异，二者样本数据中唯有"感激"存在显著性差异，但整体的积极情绪也并无显著性差异，因此在二者的结构方程模型中才会得出共同结论：水景观的环境恢复性感知对情绪有显著的直接影响。然而二者的短期工作投入度三个维度均存在显著性差异，峡谷溪流景区的短期工作投入度三个维度要显著低于城市湿地公园，这才导致两个结构方程模型出现差异。

本章以城市湿地公园和峡谷溪流景区两类景区作为研究对象，研究真实的水景观环境恢复性感知对情绪和短期工作投入度的影响，并将城市湿地公园和峡谷溪流景区进行对比，揭示城市湿地公园和峡谷溪流景区两类景区水景观环境恢复性感知、积极情绪和短期工作投入度三者的关系。

本章基于恢复性环境理论、压力缓解理论和积极情绪"拓展—建构"理论的相关研究,对城市湿地公园和峡谷溪流景区两类景区的水景观环境恢复性、积极情绪和短期工作投入度的关系提出研究假设(假设验证结果见表4-20),运用SPSS21.0 和 AMOS22.0 进行差异分析和构建结构方程模型,并以访谈调研的方式对研究中存在的问题进行分析。

表 4-20　　　　　　　　　　　　研究假设结论

	研究假设	描述	结论
对比研究	H1	城市湿地公园与峡谷溪流景区的水景观环境在"恢复性"方面有显著差异	拒绝
		a. 城市湿地公园与峡谷溪流景区的水景观在"远离"方面有显著差异	拒绝
		b. 城市湿地公园与峡谷溪流景区的水景观在"魅力"方面有显著差异	拒绝
		c. 城市湿地公园与峡谷溪流景区的水景观在"兼容性"方面有显著差异	拒绝
	H4	城市湿地公园与峡谷溪流景区测得的积极情绪存在显著性差异	部分支持
对比研究	H7	从峡谷溪流景区回来的人们拥有的短期工作投入度与从城市湿地公园回来的人们具有显著性差异	支持
		a. 从峡谷溪流景区回来的人们拥有的工作活力与从城市湿地公园回来的人们具有显著性差异	支持
		b. 从峡谷溪流景区回来的人们拥有的工作奉献与从城市湿地公园回来的人们具有显著性差异	支持
		c. 从峡谷溪流景区回来的人们拥有的工作专注与从城市湿地公园回来的人们具有显著性差异	支持

续表

	研究假设	描述	结论
关系研究	H2	城市湿地公园的水景观的环境恢复性感知对积极情绪存在显著的正向直接影响	支持
	H3	峡谷溪流景区的水景观的环境恢复性感知对积极情绪存在显著的正向直接影响	支持
	H5	城市湿地公园的水景观的环境恢复性感知对短期工作投入度存在显著的正向直接影响	拒绝
	H6	峡谷溪流景区的水景观的环境恢复性感知对短期工作投入度存在显著的正向直接影响	支持
	H8	积极情绪在城市湿地公园的水景观环境恢复性感知与短期工作投入度之间发挥中介作用	支持
	H9	积极情绪在峡谷溪流景区的水景观环境恢复性感知与短期工作投入度之间发挥中介作用	拒绝

通过对城市湿地公园和峡谷溪流景区的对比，探究水景观环境恢复性、积极情绪和短期工作投入度的关系，最终形成以下五个研究结论。

第一，城市湿地公园与峡谷溪流景区的水景观环境恢复性感知无显著差异。城市湿地公园和峡谷溪流景区的真实水景观环境恢复性感知在统计计量上无显著性差异，两类景区都具有较高的远离、魅力和兼容性，而且远离得分最高，其次是魅力和兼容性。峡谷溪流景区的魅力要高于城市湿地公园，兼容性低于城市湿地公园。综合对比两类景区的水景观环境恢复性感知三个维度比较关系：峡谷远离（4.4281）＞湿地远离（4.2613）＞峡谷魅力（3.9051）＞湿地魅力（3.7680）＞湿地兼容性（3.7545）＞峡谷兼容性（3.4478）。由于峡谷溪流景区相比城市湿地公园，地理距离上要远离城市环境，但二者的远离无显著性差异，而且远离的均值差值非常小，这表明环境恢复性感知的远离维度与地理空间距离无关。

第二，城市湿地公园与峡谷溪流景区的积极情绪无显著性差异，但"感激"情绪差异显著。人们在城市湿地公园和峡谷溪流景区获得的情绪主要是积极情绪，而且整体积极情绪无显著性差异。被调查者在城市湿地公园和峡谷溪流景区产生所有情绪维度中得分最高的维度均为"快乐"和"精力充沛"，但峡谷溪流景区的"快乐"情绪得分均值（3.00）大于城市湿地公园（2.82），"精力充沛"情绪得分均值（2.62）小于城市湿地公园（2.78）。城市湿地公园的"感激"情绪显著性大于峡谷溪流景区。此外，在城市湿地公园和峡谷溪流景区的被调查者都评价"自豪"情绪一般（与量表中间值"2"无显著性差异），该积极情绪测量无意义。

第三，身体疲劳导致城市湿地公园的短期工作投入度显著性高于峡谷溪流景区。问卷数据显示城市湿地公园的短期工作投入度的活力、奉献和专注三个显著性均高于峡谷溪流景区。经过访谈调查证明，往返峡谷溪流景区的交通相较城市湿地公园不便利，花费时间更长，而且游后会产生身体上的疲劳，从而导致城市湿地公园的短期工作投入度显著性高于峡谷溪流景区。

第四，水景观的环境恢复性感知对积极情绪有直接正向影响。城市湿地公园和峡谷溪流景区的结构方程模型都揭示了水景观的环境恢复性感知对积极情绪有直接正向影响，表明水景观的环境恢复性感知越大，人们的积极情绪感受越强烈。而两个结构方程模型（见表 4-13 和表 4-19）得到的水景观环境恢复性感知对积极情绪直接效应均可视为 0.77，对此可解释为水景观的环境恢复性感知每增加 1 单位，人们的积极情绪增加 0.77 单位。

第五，水景观的环境恢复性感知对短期工作投入度有显著性正向影响。研究表明城市湿地公园和峡谷溪流景区的水景观的环境恢复性感知均对短期工作投入度有显著的正向影响。虽然在城市湿地公园结构方程模型中水景观的环境恢复性感知以积极情绪为中介对短期工作投入度产生间接影响，在峡谷溪流景区结构方程模型中则表现为显著的直接影响，但均可证明水景观的环境恢复性感知对人们的短期工作投入度有显著的正向影响。访谈数据则表明在峡谷溪流景区对人们的工作投入影响效果更好，影响时间更长。因此可以得出结论：真实的水景观环境对人们的短期工作投入度有积极影响。

参考文献

[1] White M，Smith A，Humphryes K，et al. Blue space：The importance of water for preference，affect，and restorativeness ratings of natural and built scenes[J]. Journal of environmental psychology，2010，30（4）：482–493.

[2] 叶婉柔（Wan-Jou Yeh），欧圣荣（Sheng-Jung Ou）. 探讨水体不同类型尺度对受测者心理感受之影响 [J]. 造园景观学报，2013，19（3）：15–34.

[3] Ulrich R S. Natural versus urban scenes：Some psychophysiological effects[J]. Environment and behavior，1981，13（5）：523–556.

[4] Laumann K，Gärling T，Stormark K M. Selective attention and heart rate responses to natural and urban environments[J]. Journal of environmental psychology，2003，23（2）：125–134.

[5] Hartig T，Korpela K，Evans G W，et al. Validation of a measure of perceived environmental restorativeness[M]. University of Göteborg，Department of Psychology，1996.

[6] Hartig T，Kaiser F G，Bowler P A. Further development of a measure of perceived environmental restorativeness[M]. Institutet för bostads–och urbanforskning，1997.

[7] Laumann K，Gärling T，Stormark K M. Rating scale measures of restorative components of environments[J]. Journal of Environmental Psychology，2001，21（1）：31–44.

[8] Pasini M，Berto R，Brondino M，et al. How to measure the restorative quality of environments：The PRS–11[J]. Procedia–Social and behavioral sciences，2014，159：293–297.

[9] 叶柳红，张帆，吴建平. 复愈性环境量表的编制 [J]. 中国健康心理学杂志，2010（12）：4.

[10] 陈聪. 不同环境的复愈性比较及其与场所依恋关系 [D]. 北京林业大学，2012.

[11] 黄章展（Chang-Chan Huang），黄芳铭（Fang-Ming Hwang），周先捷（Hsien-Chieh Chou）. 环境偏好与环境恢复性知觉关系之研究——以山景景观为例 [J]. 户

外游憩研究，2008，21（1）：1–25.

[12] 周甜甜，刘宗放，陈其兵. 川西林盘植物景观视觉偏好与恢复性环境感知研究 [C].
中国观赏园艺研究进展，2018：643–649.

[13] 刘群阅，尤达，潘明慧，池梦薇，黄启堂，兰思仁. 游憩者场所感知与恢复性知
觉关系研究——以福州温泉公园为例 [J]. 旅游学刊，2017，32（7）：77–88.

[14] 张淑华，王可心. 情绪、希望感与工作投入：来自经验取样法的证据 [J]. 中国人
力资源开发，2017（11）：11.

[15] 郭钟泽，谢宝国，程延园. 昨天的积极体验影响今天的工作投入吗？——一项
经验取样的日记研究 [J]. 管理评论，2019（1）：12.

[16] 刘晓，罗菊英，孔令磷，等. 负性情绪对护士工作投入的影响 [J]. 湖北科技学
院学报：医学版，2019，33（2）：4.

[17] 邱林，郑雪，王雁飞. 积极情感消极情感量表（PANAS）的修订 [J]. 应用心理学，
2008，14（3）：7.

[18] Schaufeli W B, Bakker A B, Salanova M. The measurement of work engagement
with a short questionnaire：A cross-national study[J]. Educational and psychological
measurement, 2006, 66（4）：701–716.

[19] Lottrup L, Stigsdotter U K, Meilby H, et al. Associations between use,
activities and characteristics of the outdoor environment at workplaces[J]. Urban Forestry
& Urban Greening, 2012, 11（2）：159–168.

个体压力状态与游客
旅游恢复性关系研究

本章和第六章旨在探究旅游目的地非惯常环境下的游客旅游恢复性效应。基于环境恢复性进化理论与个体—环境交互模型，设计情境实验，探索不同压力状态游客于旅游地非惯常环境中的有效减压机制。

5.1 研究思路与实验设计

实验研究目的是基于注意力恢复理论与压力缓解理论，通过观看不同类别的水景观图像，控制、调节游客的心理状态，利用 POMS、Stroop 认知行为任务、脑电实验和环境恢复性感知量表四种数据实证检验水景旅游地游客旅游恢复性效应。环境心理学的相关研究发现自然场景比城市场景更具环境恢复性[1-3]。鉴于水景观存在于自然与人工建成环境场景下，且两者拥有较大差异，因此，作为研究的首要目标，首先对引发游客心理生理恢复性效应的水景观本身进行界定。划分景观类型对景观评估研究非常关键，通常采用二分法（自然景观和人工景观）进行划分。本章研究对象是水景旅游地，广泛分布在城市、乡村环境以及荒野。现实中存在多种类型的水体环境，无法穷尽对所有水景观的探索，因此本章以是否为纯粹自然的水环境与水体形态作为主要控制条件。将水景观区分为自然水景观与人工水景观两种类型，以是否有人造物体与人工建造痕迹作为归类依据[2]。

研究采用情境实验，将被试有条件地分为高压力状态游客（实验组）与一般压力状态游客（对照组），前后测实验研究中，收集 POMS 情绪自评数据与 Stroop 认知行为数据，以此验证水景观刺激图像的模拟恢复性效应，并分析不同压力状态游客的恢复性效应是否一致。混合实验研究中，设计 2 游客类型（高压力状态、一般压力状态）×2 水景环境（自然水景观、人工水景观）×3 水体形态（滞水、流水、落水）三因素交互分析，通过脑电活动数据与 PRS 环境恢复性主观感知数据分析水景观环境类型与游客个体交互作用下的游客旅游恢复性效应。

5.1.1　被试选取

采用情境实验设计，旨在模拟观光游览水景旅游地，收集游客旅游恢复性数据。参照采用心理生理实验研究环境恢复性效应的相关实验设计，被试数量为20~60 人[3-5]。为控制被试的生理、认知、身体机能等基础水平，被试招募以在校的本硕博青年学生为主，这对于神经科学实验研究十分重要[6]。通过心理实验被试招募群、旅游信息科学重点实验室平台以及社交媒体网络发布招募实验被试信息。要求被试为右利手，视力或矫正视力正常，无色盲或色弱，从未参加过相似的脑电实验和行为实验。

实验目的之一是探究压力因素对参观水景观图片游客旅游恢复性效应的影响，因此在选择被试时需要加以筛选和控制。共有 78 名在校大学生完成初步报名，首先邀请自愿报名参加实验的被试填写 POMS，以获取其近期真实的压力状态，并通过"近期有外出旅游意愿"（0~4 分）、"希望通过外出旅游减轻压力"（0~4 分）等题项预测被试的旅游恢复性需求。将 78 名被试按照压力状态得分进行排序，选取高低各 30% 的被试共 46 名，分为高压力状态实验组与一般压力状态对照组。统计结果显示，实验组与对照组的心理压力得分存在显著差异，两组被试都有较高的外出旅游意愿（$M_{实验组}$=3.41，$M_{对照组}$=3.32），但高压力状态组的旅游减压动机（$M_{实验组}$=3.46）显著高于一般压力状态组（$M_{对照组}$=2.89），t=2.786，p=0.032 $<$ 0.05（见表 5–1）。

表 5–1　　　　　　　　　　　　　　　实验组与对照组

	实验组（M±SD）	对照组（M±SD）	t	Sig.
心理压力	119.36 ± 17.248	108.69 ± 17.477	2.903	0.027*
出游意愿	3.41 ± 1.091	3.32 ± 1.05	1.713	0.101
旅游减压需求	3.46 ± 1.26	2.89 ± 1.14	2.786	0.032*

注：* 表示在 0.05 水平上显著相关。

参与本实验的被试以年轻群体为主，学历、收入、年龄等人口统计特征无群体差异，而性别群体与压力状态分组的重合度过高（高压力状态组女生占68.18%），继续将性别作为恢复性影响因素进行分析意义不大。而女性在高压力状态组中比重过大这一样本现象也值得引起我们的注意。初步猜测受社会性别和文化规训等影响，与女性的情感敏感性相比，男性可能对自身情感的识别与表达稍显迟钝，也正是由于这种社会文化期望，男性被试可能会拒绝承认正在经历的消极情绪。为了检验这种偏差是否存在，根据脑电数据与Stroop认知行为任务这两种客观实验数据得分对被试重新进行分组。结果发现三种数据的分组重合率达到82.2%，说明压力自我报告偏差并不十分严重，因此接受原来的样本分类。

共有46名被试进入正式实验程序，实验过程中因实验设备故障导致1名被试的数据残缺，1名被试的脑电数据噪声过高严重影响了数据质量，均被视为无效被试，最终进入统计分析的被试共计44名。表5-2统计了被试个人信息，包括性别、学历、年龄与旅游恢复性需求。

表5-2　　　　　　　　　　　　被试分组情况

变量		实验组		对照组		样本总数	
		频数（均值）	%（标准差）	频数（均值）	%（标准差）	频数（均值）	%（标准差）
性别	女	15	68.18	10	45.45	25	56.82
	男	7	31.82	12	54.55	22	43.18
学历	本科	9	40.91	15	68.18	24	54.55
	研究生	13	59.09	7	31.82	20	45.45
年龄	—	24.32	2.77	21.36	1.86	22.84	1.73

5.1.2 实验素材选取

采用线上收集景观图像的方法，从 Flickr 在线照片库中选择水景观图像。本章中选择人工水景观与自然水景观的重要区分标准是有无人工建成痕迹。人工水景观图像呈现人工建成环境中的野生水体或人工建造水体，如城市河流、湿地公园、人造瀑布等。自然水景观图像呈现纯粹自然环境下的水体，画面中无任何人工建造物，如野生河流、瀑布、湖泊等。

经过筛选比对，剔除修图调色严重、像素过低的图片，为自然与城市环境下的流水、落水、滞水共 6 种水景各自选出 10 张具有代表性的图片。然后组织专家打分，召集 10 位从事水景观资源研究的硕士、博士与教师，以 1~10 分的等级对每张照片评分，判断该照片是否具有该类水景观的典型代表性，每类水景观选取 5 张得分最高的照片，筛选后剩余 30 张图片。

为保证刺激图像自然真实，符合视觉欣赏要求，并避免低级视觉特性的影响，在筛选及处理图像时注意以下方面。

第一，控制图像物理变量。使用 Adobe Photoshop 7.0 进行图像处理，将每张图片大小设置为 800×600 像素，分辨率为 300 像素 / 英寸。根据前人研究经验，所选图片明度控制在 37%~78%[7]，饱和度为 35%~70%[8]。

第二，统一拍摄场景。所选图片均为白天天气晴朗状态下拍摄。图片符合人体平视的高度，剔除鸟瞰、仰拍视角的图片。

第三，水景观选择。水景观规模对游客感知体验具有影响，叶婉柔等（2013）在研究水景观环境恢复性感知中得出中尺度水景图像效果最好[9]。本章研究对象为水景旅游目的地，因此选择中等规模的水景观更加符合研究目的。

第四，控制场景要素。本章研究对象为水景旅游地，包含水景观与能够辨别的背景环境，因此画面呈现的水景观应占到全部画幅的 1/2~2/3，画面中均不出现人像、数字、文字等具有强视觉吸引力的要素（见图 5-1）。

图 5-1　水景观环境恢复性刺激图像

　　为检验刺激图像的恢复性效应，组织被试依据主观感受对图片进行"放松"程度评级，分值为 1~10。结果如图 5-2 所示，图 5-2（a）是两个实验组（自然水景观和人工水景观）的主观放松等级的平均得分与差异。图 5-2（b）是滞水、流水、落水三种水体形态水景观的平均得分与差异。

　　运用 SPSS21.0 进行统计分析，配对样本 t 检验显示，相比人工水景观，自然水景观图片被评为更具放松感，$t=13.092$，$p<0.001$。多因素方差分析显示环境与水体形态之间不存在交互作用，$F_{(2,129)}=0.625$，$p>0.05$，但不同水体形态的放松程度主效应显著，$F_{(2,129)}=8.08$，$p<0.001$。事后成对比较显示，滞水景观松弛度更高，与流水景观相比，$t=2.791$，$p<0.05$，与落水景观相比 $t=4.791$，$p<0.01$；流水景观的松弛度稍高于落水景观，但没有发现显著差异，$t=1.646$，$p>0.05$。尝试从水景观的动静形态角度来解释该结果，滞水属于静水形态，而流水和落水更具动态性，可能由此造成了放松度上的差异，具体原因有待进一步验证。结果显示，无论是自然与城市两组水景观环境，还是滞水、流水、落水三种水体形态水景观分组图像之间，在图像放松度评分上都存在显著的组间差异，表明实验刺激材料选取合理。

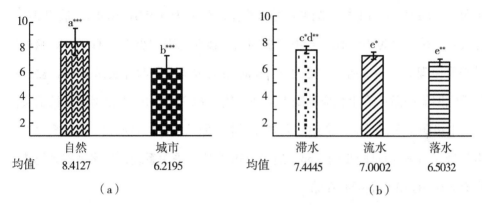

图 5-2　不同环境（a）与不同水体形态（b）水景观的放松度评分

注：a、b、c、d、e 表示与同组某类别相比有显著差异，* 表示 $p < 0.05$，** 表示 $p < 0.01$，*** 表示 $p < 0.001$，如 a*** 表示自然水景观放松评分与城市相比存在显著差异。

5.1.3　测量工具及指标选取

1. 生理压力测量

设备仪器与数据采集。本研究使用脑电（EEG）测量被试对水域景观环境的生理压力恢复性反应。EEG 是非侵入性的脑电信号采集仪器，相对于核磁共振等其他脑神经科学仪器，使用起来更加方便，因此可以广泛应用于测量人类大脑对外部视觉刺激的反应中（Ulrich 等，1991）[10]。EEG 可检测大脑的电活动，能够快速收集脑电波信号进行精确科学的分析，已经成为较成熟的景观评估手段。实验仪器为 Neuroscan-64 导脑电采集设备，包括数据采集电脑、刺激呈现电脑、控制器、放大器、穿戴设备等部件。为防止实验过程中眨眼与肌肉动作造成的干扰，应与被试强调避免头部运动与高频率眨眼，并在被试左眼眶的上部和下部各安装电极来记录垂直眼电，在双眼眼角外侧安装记录水平眼电的电极。实验在线记录时选择头顶的 FCz 作为参考电极，接地点位于前额 FPZ 和 FZ 电极中间的 Gnd 电极点，左眼眶上下位置安装电极记录垂直眼电（VEOG），双眼外侧安置记录水平眼电（HEOG）的电极。脑电信号采集滤波带通为 0.05Hz~100Hz，选用 AC 采样模式，采样率为 1000Hz，所有电极与头皮接触电阻均小于 5kΩ。EEG 脑电信号采集原理如图 5-3 所示，通过 E-prime 给被试呈现刺激并发送 mark，被试接受视觉图像刺激后产生相应的脑电活动，使用 64 通道的电极帽附着在被试头皮上的电极测量人体反应，借助放大器将原本微弱的脑电信号放大，控制盒里把脑电信号和 mark 信息同步到一起，通过 USB 线传入采集系统，最终采集系统获取带有 mark 的 EEG 数据并存储。

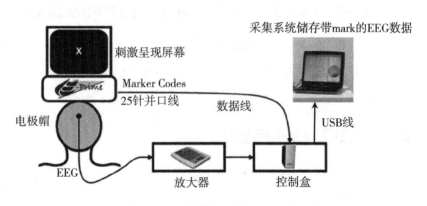

图 5-3　脑电信号采集示意

脑电指标选择。对于大脑活动的测量通常有 5 种频段的脑电功率谱：δ 波（0.5Hz~4Hz）、θ 波（4Hz~8Hz）、α 波（8Hz~13Hz）、β 波（13Hz~30Hz）、γ 波（30Hz~45Hz）。各频段代表了大脑活力或抑制的不同状态[11]（见表 5-3）。δ 波通常为无意识状态，产生于冥想、无梦及深度睡眠中；θ 波经常出现在有梦睡眠和轻度睡眠中，或困倦放松时，也有学者发现，当被试出现积极情绪时，

额中线上电极位的 θ 波功率有增强；α 波在有意识且放松的状态下产生；β 波多出现于注意力集中和意识活跃的状态下，能够区分情绪效价；γ 波则多发生在大脑过度活跃、特定的认知或运动中。学者们在景观评估与环境恢复性研究中，多使用 α 值作为生理压力的指标，发现 α 波段与高恢复性景观环境之间存在关联。此外，对各景观类型的研究表明，不同类型景观对脑电信号 α 值具有相当大的影响 [12]。Johansson 等（2014）使用定量脑电图研究了温带落叶阔叶森林生物群落中生物多样性的不同水平，发现低活性生物多样性在 Theta 频率下脑活动活跃 [13]。还有学者使用移动脑电图来测量脑电波并将其用作注意力恢复的指标（Chang 等，2008）[14]，以及研究城市绿地中的恢复体验 [15]。脑电图不仅可以研究大脑对外部视觉刺激的反应，而且是一种相对便宜且非侵入性的方法，因此可以广泛用于非临床的受试者实验。此外，EEG 被认为是反映皮层唤醒的良好指标 [16, 17]。本实验采用 EEG 的低频 α 波（8Hz~11Hz）、高频 α 波（11Hz~13Hz）、θ 波（4Hz~8Hz）和 β 波（13Hz~30Hz）作为生理压力的主要指标 [18]。之前研究表明较高的 α 波振幅表示较高程度的放松，而 θ 波和 β 波则刚好相反 [17]。

表 5-3　　　　　　　　　　　　　　　脑电信号特征

频段	特征
δ 波（0.5Hz~4Hz）	无意识状态，产生于冥想、无梦及深度睡眠中
θ 波（4Hz~8Hz）	有梦睡眠和轻度睡眠，或困倦放松
α 波（8Hz~13Hz）	有意识且放松
β 波（13Hz~30Hz）	注意力集中和意识活跃
γ 波（30Hz~45Hz）	大脑过度活跃、特定的认知或运动时

脑电分析方法。对数据进行离线处理时，以双侧乳突为参考，根据文献普遍采用的标准以及本实验中被试的反应情况，选择 1000 毫秒 ~5000 毫秒为分析时段，剔除眨眼、肌电等伪迹数据，剔除标准为 ±100 μV。运用 SPSS21.0 对所有认同

反应数据进行重复测量方差分析，当 Mauchly 球形检验不满足时采用 Greenhouse Geisser 法校正。脑电功率谱密度（Power Spectral Density，PSD）采用 Bartlett 平均周期图法计算[19]：将预处理（预览、基线校正、滤波、去干扰等）后的脑电数据进行分段，选取 1000 毫秒~5000 毫秒时段的数据，每种水体形态的图像有 5 张，循环播放 2 次，因此，数据良好的情况下每个被试会采集到 2（自然、城市）×3（滞水、流水、落水）×10=60 个片段的功率谱数据。为了去除 EEG 原始数据中的残差，采用快速傅里叶变换（Fast Fourier Transform，FFT），计算每一段 EEG 的脑电周期平均值[20]。

该步骤完成后，进一步计算各频段的脑电功率谱（Power Spectral，PS）。脑电功率谱能够反映脑电信号功率随频率分布的变动情况，根据实验选取的频段范围 α 波（8Hz~11Hz）、高频 α 波（11Hz~13Hz）、θ 波（4Hz~8Hz）和 β 波（13Hz~30Hz），分别计算这四种频段的脑电功率谱，将上一步得到的脑电功率谱密度数值积分，再通过对数转换简化数据。

最后导出脑电功率谱百分比，即频段的脑电相对功率值。计算方法为各频率段脑电波与功率谱中整个频率范围的总和之比。由于个体差异，脑电波绝对值也可能存在较大差值，而相对功率值反映的是个体内部某个频段的水平值，可以作为个体间的横向比较标准。

本章实验设计意图是通过水景观图像与实验指导性文字模拟真实观看水景观的情境，旨在探究不同水景旅游地对游客旅游恢复性的影响，而非图像本身的作用。因此，分析时为了避免纯粹视觉影响，不进行枕区电极点分析[10]。在脑电图的 64 个电极中，我们选择额叶（Fp1、Fp2、Fpz），中央区（C3、C4、Cz），顶区后叶（P3、P4、Pz）共 9 个通道，来捕获四类主要脑电波：低频 α1 波（8Hz~11Hz）、高频 α2 波（11Hz~13Hz）、θ 波（4Hz~8Hz）和 β 波（13Hz~30Hz），9 个电极点也覆盖了左、中、右脑区，能够反映各脑区在受刺激时的活动水平[20]。

2. 认知能力测量

认知能力恢复主要指定向注意力恢复，通常采用前后测实验设计来获取被试认知资源恢复情况，测试方法包括：内克尔立方体模式控制任务（Necker Cube Pattern Control Task，NCPCT）、倒序数字跨度（Backward Digit Span，BDS）和 Stroop 颜色判断任务等 [21, 22]，以上方法都可以衡量被试的注意力水平。例如，Elisabet 等（2014）以疲劳症患者为被试群体，测量被试在家时的 NCPCT 任务成绩作为注意力基线，然后将被试分配到森林与城市两种环境中舒缓一段时间，再次测量 NCPCT，发现森林环境中的被试组成绩变化显著好于城市环境组，说明了自然环境对疲劳症患者群体更具潜在恢复性 [23]。倒序数字跨度任务（BDS）要求被试以倒序重复说出听到的字符串，需要调动短期记忆投入以及集中注意力，因此该实验通常用于测量短期记忆的数字存储容量 [24]。

Stroop 效应源于著名心理学家 John Riddly Stroop 于 1935 年设计的颜色判断实验。Stroop 任务是测量注意力有效且可靠的方法，在任务设置上要求被试抑制惯性思维和快速反应，需要注意力高度集中 [25]。因此，该方法广泛应用于环境恢复性实验研究中。例如，Chiang 等（2017）以此作为注意力测量工具，通过观看实验室标准化的虚拟环境图像，比较不同生物多样性以及植被密度的环境类型图像的注意力恢复效应 [2]。Gao 等（2019）采用 Stroop 任务测量被试在观看自然与城市虚拟现实影像后的注意力恢复效应 [3]。

本章采用 Stroop 颜色判断任务测量参与者的注意力。借助 E-prime3.0 软件设计程序严格控制实验流程，并在实验结束后获取精确的正确率和反应时数据。在 Stroop 任务中，会给出红色、绿色、黄色、蓝色、黑色和粉色六种色差明显的颜色，以不同的字体颜色显示在屏幕上（例如，将名词"红色"设置为绿色字体）。每次显示的颜色名称与字体颜色完全随机。前后测分别有 100 个试次，同时为避免练习效应，前后测在正式记录成绩前都进行了 20 次练习。屏幕上每次闪现一个颜色名称，时长为 1.5 秒，被试需要迅速作出判断按下键盘相应按键，如果超出时间将自动进入下一题，且本题答案记录为错误。E-prime 软件将记录正确的颜色读数和反应时长，正确率越高，反应时长越短，代表着被试的认知注意力机能越强[26, 27]。

3. 心理压力测量

被试的心理压力状况使用简式情绪状态简表（POMS）进行测量。POMS 亦被称为心理状态剖面图，由美国学者 McNair 在 1971 年编制，最初包含 6 个分量表（紧张、压抑、愤怒、精力、疲劳和慌乱）共 65 个题项[28]。情绪状态简表是最常用的评估个人情绪状态的工具之一。相比 PANAS（积极消极情绪量表）、PAD（愉悦、唤醒、优势）等情绪测量量表，POMS 的优势在于测量维度更为细分，能够有效捕捉近期及当前状态下的情绪情感，适用于正常人和心理疾病患者。在心理学、环境健康等学科的恢复性体验和相关研究中，该量表用于测量被试的心理压力与情绪状况[29, 30]，这些实证研究都证明了量表的信效度。本章所采用的 POMS 是学者祝蓓里在中国情境下修订的简明版本，情绪状态简表包含 40 个题项，可以测量 7 种细分的情绪状态：紧张、愤怒、抑郁、疲劳、慌乱、精力和自尊，各量表的分数代表着该情绪水平高低[31]。进一步分组计算可以得到个人的总体情绪障碍状态（Total Mood Disorder，TMD）和积极消极两种情绪状态。总体情绪障碍状态（TMD）通过对精力和自尊维度的题项得分进行反向编码，然后将所有分量表的总分相加来计算 TMD[TMD= 紧张 + 愤怒 + 抑郁 + 疲劳 + 慌乱 -（精力 + 自尊）+100]，分数越高代表着压力越大。两种效价的维度："消极情绪状态"（以紧张、愤怒、抑郁、疲劳和慌乱量表的加权平均值计算），分数越高代表着消极情绪越高；"积极情绪状态"（以精力和自尊量表的加权平均值计算），分数越高代表着积极情绪越高。本章采取前后测的实验设计，在恢复性视觉刺激任务前后各实施一次 POMS 测量，采用五点式李克特量表，被试依据自身情感状态打分，范围从 0（"完全没有"）到 4（"极高"）。

4. 环境恢复性感知量表

根据注意力恢复理论（ART）发展出了评估环境恢复性效应的量表，较为常见的有感知恢复性量表（PRS）、恢复性组成量表（RCS）、感知恢复性潜能量表（Perceived Restorative Potential，PRP）。其中，PRS 包含远离性、魅力、兼容性和一致性四个恢复性维度，在环境恢复性评价中应用较为成熟，能够有效地判别不同环境所具有的恢复性潜能[32]。RCS 在 PRS 的基础上增补了新奇性维度，实际上是 Kaplan 等（1989）恢复性环境理论中的远离被分为了远离与新奇两个因素，新奇指的是在当前环境中做其他环境中没有经历过的事情[33]。PRP 量表对每个恢复性因子采用单一题项进行测量，包括远离、延展、魅力、兼容性、感知恢复潜能、偏好、开阔性、便利性和环境管理程度等，这种直接评值法大大缩短了测量时间，但也舍弃了量表信效度。

本章目的是获取游客对水景观环境恢复性评估，参考前人研究成果与上述量表适用场景分析，认为 PRS 在恢复性实验中的应用更成熟，显示出良好的测量效度[34, 35]，因此选取 PRS 作为本实验的水景观环境恢复性评估工具。计分方式采用李克特 5 级量表，从 1~5 代表对题项描述不同程度的认同（1 代表"完全不同意"，5 代表"非常同意"）。

5.1.4 实验流程

选择陕西师范大学的陕西省旅游信息工程重点实验室作为实验地点。该实验室内安静整洁，隔音效果良好，人体感觉舒适。实验开始前要求被试放下周身电子产品，以防干扰脑电信号。

研究采用 E-prime3.0 软件编辑实验程序，并使用一台 17 寸液晶显示器呈现图像刺激。实验过程中屏幕背景为黑色，居中呈现水景观图像。被试坐在屏幕正前方的座椅上，调整至舒适姿势，眼睛同屏幕中间的注视点保持同一水平，距屏幕约为 75 厘米，视角为 4.05 度。

正式实验的完整流程如图 5-4 所示，共包括四个阶段：实验准备、实验前测、实施刺激、实验后测。

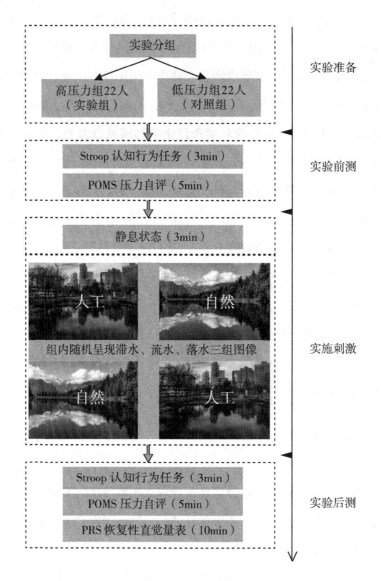

图 5-4　实验流程

1. 实验准备

在恢复性实验研究中，通常需要确保被试处于一定的压力状态，再控制变量实施刺激以达到研究目的。为确保符合这一前提条件，请求被试在经历上课、考试或科研任务后前来参与实验。根据实验研究目的，将被试按照心理压力自评得分划分为高压力状态实验组与一般压力状态对照组。实验开始前录入被试信息，并告知被试实验任务及注意事项。

在脑电实验中，电极阻抗会严重干扰脑电信号采集效果，因此降低被试头皮与电极的阻抗是实验准备重要任务之一。首先，帮助被试彻底清洗头皮，必要时使用磨砂膏处理，清洗后完全吹干发丝及头皮，避免水分造成电极串联等不良影响。在眼眶周围与耳后（电极点位置）使用医用磨砂膏处理死皮，降低皮肤电阻后再安装电极。然后，在电极帽的电极与被试头皮之间注射电极膏，电极膏是一种导电性能良好的半流动质地材料，成分安全无害，用于降低被试头皮电极阻抗。注射电极膏的过程中，利用脑电设备的 Record 采集软件查看各电极的阻抗情况。如果电极阻抗值在 $0k\Omega \sim 5k\Omega$ 则显示为绿色，表示理想状态；$5k\Omega \sim 10k\Omega$ 显示为黄色，有待进一步调试；$10k\Omega$ 以上显示为红色，表示阻抗过高。实验准备时长为 30 分钟至 1 小时。

2. 实验前测

启动 Stroop 颜色判断任务，测试被试接受水景观图像刺激前的认知机能水平。指导被试填写 POMS，获取被试初始状态的压力水平。完成这两项任务后进入脑电实验程序。

3. 实施刺激

通过 Recorder 软件观察被试实时的脑电状态，等待脑电信号平稳后，开始采集数据。在播放视觉图像刺激前，收集 3 分钟脑电基线水平数据。然后启动水景观图像放映程序，采集被试观看水景观时的脑电数据。脑电刺激实验共有 4 个步骤，包括指导语、练习、正式实验部分及结束语。

指导语：采用沉浸式的图像观看方式，要求被试在观看水景观图像时完全放松，想象自己正置身其中，充分模拟旅游情境。在图像观看实验开始前给予被试充裕时间阅读指导语：欢迎你参加我们的实验！实验要求你观看一些优美的水景旅游地图片，并根据图片进行打分。实验首先在屏幕上出现一个白色"+"符号注视点，接着播放水景图片，请你静心观赏眼前图片，并想象自己到此地旅游，正置身在图片呈现的地方。图片消失后，屏幕又会出现白色"+"符号注视点，表示开始欣赏下一张图片。明白上述指导语后，请你坐好，尽量避免身体活动以及咳嗽、咬牙、眨眼等动作，如有其他不适请告知。准备好后，请按"q"键练习，然后进入正式实验。

练习：实验程序与正式实验完全一致，共有 5 个 trial（指一次实验），包含 5 张水景观图像，这里选取的练习图像不在正式实验中出现。实验数据不计入后续分析，该步骤的目的是帮助被试熟悉实验流程，来保证正式实验时有效采集数据。

正式实验：所有实验图像分为自然水景观与人工水景观两组，每组包含流水、落水、滞水 3 种类型，因此共有 6 种类型（自然—流水、自然—落水、自然—滞水，人工—流水、人工—落水、人工—滞水）的水景观图像。为避免图片播放的顺序效应，一半被试按照自然水景观、人工水景观的顺序实施图像刺激，另一半被试则以人工水景观、自然水景观的顺序观看图像。自然与人工水景观组内则随机开始播放流水、落水、滞水图像。每种类型水景观有 5 张图像，每呈现一张图像算为一个 trail。每播放一种类型的水景图像算为一个 block（指一组），每个 block 包含 5 个 trail。每个 block 循环播放两次，因此共有 12 个 block，60 个 trail，总时长约 10 分钟。

结束语：谢谢参与，实验结束。

4. 实验后测

在脑电数据收集结束后，立即启动 Stroop 颜色判断任务，收集被试接受恢复性刺激实验后的认知机能水平；接着填写 POMS，测试被试接受水景观图像刺激后的压力水平；最后，指导被试填写 PRS 环境恢复性感知量表。

每位被试按照上述流程完成实验，总时长为 1 小时至 1.5 小时。本实验收集了被试对恢复性刺激图像的放松度评分，通过脑电设备采集了被试在沉浸式观看不同环境水景观刺激图像过程中的生理电信号，利用 E-prime3.0 软件记录了被试参与 Stroop 颜色判断任务的行为绩效数据（正确率、反应时），利用 POMS 收集了被试参与图像实验前后的心理压力数据（总体压力、积极情绪、消极情绪），采用 PRS 获取被试对不同环境水景观图像的恢复性主观综合评价数据。

5.2 基于 POMS 分析个体
压力状态对游客旅游恢复性的影响作用

本章以 POMS 测量被试的情绪恢复性，将从总体情绪障碍状态（TMD）、积极和消极情绪状态以及情绪分量表三个层面分析被试接受恢复性刺激前后的情绪压力状态变化。首先，对实验组与对照组的前后测情绪值进行描述统计与组内比较分析，得到具有显著恢复性的情绪指标。然后，根据实验目的，探讨处于不同压力状态的游客观赏水景观的恢复性效应是否一致，通过单因素协方差分析检验压力因素对游客情绪恢复性的影响。

5.2.1 水景观对两组游客情绪恢复性的影响

检验参观水景观图片对高压力状态游客（实验组）与一般压力状态游客（对照组）情绪恢复性的调节作用，对各组的总体情绪障碍状态（TMD）、积极和消极情绪状态与 7 种细分情绪类型（紧张、愤怒、抑郁、疲劳、精力、自尊和慌乱）

的前后测数据进行配对样本 t 检验。对样本数据进行正态性检验以确保满足 t 检验条件，选择适用于小样本数据的 Shapiro-Wilk 法，p 值大于 0.05 则表明数据呈正态分布，若 p 值小于 0.05 则采用非参数检验（后文相同）。

1. 总体情绪障碍状态（TMD）

两组样本数据均为正态分布，配对样本 t 检验发现实验组与对照组的总体情绪障碍状态（TMD）都出现积极变化，即后测压力值与前测相比大幅降低。其中实验组情绪压力值降低了 13.864 分，$t=-3.014$，$p=0.007$，小于 0.01 的检验标准；对照组情绪压力值降低了 7.818 分，$t=-2.181$，$p=0.041$，小于最低检验标准 0.05。两组的前后测均值差异均达到具有统计意义的显著性水平（见表 5-4）。此外，发现实验组的总体情绪障碍状态降幅大于对照组，研究结果提示，相较于一般压力状态游客，观赏水景观可能对高压力状态游客改善心理压力更加有效，后文将通过协方差分析进一步探究。

表 5-4 TMD 前后测结果组内比较

组别	TMD均值			t	df	Sig.
	前测	后测	后测－前测			
实验组	117.273	103.409	−13.864	−3.014	21	0.007**
对照组	102.000	94.182	−7.818	−2.181	21	0.041*

注：** 表示在 0.01 水平上显著相关，* 表示在 0.05 水平上显著相关。

2. 积极与消极情绪

对积极、消极情绪状态的考察发现，接受视觉刺激后，实验组的积极情绪升高了 2.303 分，消极情绪降低了 6.146 分，对照组的积极情绪升高了 3.212 分，消极情绪降低了 2.288 分，说明水景观对两组都具有缓解消极情绪、提高积极情绪的压力调节作用。尽管两组的积极、消极情绪都出现了积极的恢复性变化，但仅有实验组的消极情绪达到显著性水平，$t_{(21)} = -3.485$，$p=0.003$，小于 0.01 的检验标准，其余均未达到显著性水平（见表 5-5）。这暗示对于积极、消极情绪反应，自然与城市水景观之间可能存在恢复效果与恢复路径差异，需要进一步比较分析。

表 5-5　　　　　　　　　积极、消极情绪前后测结果组内比较

情绪恢复指标		实验组	对照组
积极情绪	前测	18.424	23.409
	后测	20.727	26.621
	后测－前测	2.303	3.212
	t	1.958	2.014
	Sig.	0.064	0.057
消极情绪	前测	20.214	15.198
	后测	14.068	12.910
	后测－前测	−6.146	−2.288
	t	−3.485	1.046
	Sig.	0.003**	0.307

注：** 表示在 0.01 水平上显著相关。

3.7 类细分情绪

7 类细分情绪量表的组内比较结果见表 5-6，参观水景观图片后实验组的所有消极情绪类型数值均有所降低，紧张值降低了 0.427 分，愤怒值降低了 0.134 分，抑郁值降低了 0.073 分，疲劳值降低了 0.463 分，慌乱值降低了 0.575 分，提示对于高压力状态游客而言参观水景观图片能够改善大部分消极情绪类型。此外，紧张（$t_{(21)} = -2.323$，$p=0.035<0.05$）、疲劳（$t_{(21)} = -2.820$，$p=0.013<0.05$）、慌乱（$t_{(21)} = -4.415$，$p=0.001<0.05$），达到显著性水平，说明参观水景观图片对高压

力状态游客这三类情绪的调节作用尤为突出。属于积极情绪的精力值提升了 0.333 分，自尊值提升了 0.188 分，但都未达到显著性水平。

参观水景观图片后，对照组的 5 类细分消极情绪也都有不同幅度的降低，紧张值降低了 0.25 分，抑郁值降低了 0.031 分，疲劳值降低了 0.368 分，慌乱值降低了 0.343 分，其中，只有疲劳，$t_{(21)}=-2.119$，$p=0.042 < 0.05$，达到了显著性水平。与积极情绪相关的精力值提升了 0.059 分，自尊值提升了 0.333 分，同样未到达显著性水平。

仔细观察各类细分情绪前后测得分的变化，包括变化数值与显著性水平，可以发现疲劳情绪在两组中都出现显著降低，说明参观水景观图片对疲劳情绪具有相当强的恢复性。此外，相较于一般压力状态游客，高压力状态游客的各类消极情绪改善更明显，表现在前后测差值更大，且变化达到显著性水平的情绪类型更多。

表 5-6　　　　　　　　　7 种细分情绪前后测结果组内比较

组别	变量		均值差值	t	df	Sig.
实验组	对1	后测紧张 – 前测紧张	−0.427	−2.323	21	0.035*
	对2	后测愤怒 – 前测愤怒	−0.134	−1.145	21	0.270
	对3	后测抑郁 – 前测抑郁	−0.073	−1.131	21	0.276
	对4	后测疲劳 – 前测疲劳	−0.463	−2.820	21	0.013*
	对5	后测精力 – 前测精力	0.333	1.153	21	0.267
	对6	后测自尊 – 前测自尊	0.188	0.672	21	0.512
	对7	后测慌乱 – 前测慌乱	−0.575	−4.415	21	0.001**
对照组	对1	后测紧张 – 前测紧张	−0.250	−0.1763	21	0.059
	对2	后测愤怒 – 前测愤怒	−0.009	−0.0185	21	0.855

组别		变量	均值差值	t	df	Sig.
对照组	对3	后测抑郁－前测抑郁	−0.031	−0.417	21	0.684
	对4	后测疲劳－前测疲劳	−0.368	−2.119	21	0.042*
	对5	后测精力－前测精力	0.059	0.180	21	0.860
	对6	后测自尊－前测自尊	0.333	1.165	21	0.265
	对7	后测慌乱－前测慌乱	−0.343	−0.985	21	0.342

注：** 表示在 0.01 水平上显著相关，* 表示在 0.05 水平上显著相关。

5.2.2　压力因素对游客情绪恢复性的影响

经组内比较发现，无论是高压力状态游客还是一般压力状态游客，参观水景观图片均能够引发一定程度的情绪恢复性效应。下文将继续探究不同压力状态游客参观水景观图片后情绪恢复性效应是否一致。

由于实验组与对照组的总体情绪障碍状态得分（TMD）、积极和消极情绪前测分数差异较大，无法直接进行组间比较，需要控制前测值这一混杂因素。因此，本节采取单因素协方差分析，判断在调整情绪前测值后，不同压力状态对情绪后测值的影响。将自变量压力状态分别与三个协变量（总体情绪障碍状态前测值、积极情绪前测值、消极情绪前测值）进行平行性检验，结果显示 p 值均大于 0.05，说明自变量与协变量相互独立。各组因变量（后测值）均通过 Shapiro-Wilk 正态性检验与 Levene's 方差齐性检验。

协方差分析结果见表 5-7。①总体情绪障碍状态得分（TMD）：压力状态变量的 p 值小于 0.05，F=6.18，p=0.017，说明经协变量调整之后实验组与对照组的后测均值差异具有统计意义，即调整实验前测 TMD 得分后，不同压力状态游客的实验后测 TMD 得分不同。②积极情绪：压力状态变量的 p 值大于 0.05，F=0.711，p=0.404，说明经协变量调整之后实验组与对照组的后测均值差异不具有统计意义,即不同压力状态游客在参观水景观后的积极情绪得分没有显著差异。
③消极情绪:压力状态变量的 p 值小于 0.05,F=8.397,p=0.006,说明经协变量调整之后实验组与对照组的后测均值差异具有统计意义,即调整实验前测消极情绪得分后,不同压力状态游客参观水景观图片后的消极情绪得分不同。对压力状态分组效应显著的 TMD 与消极情绪进一步成对比较分析。

表 5-7 协方差分析

差异源	平方和	df	均方	F	Sig.	η^2
TMD						
压力状态	118.376	1	118.376	6.180	0.017	0.131
前测	5379.215	1	5379.215	280.818	0.000	0.873
误差	785.376	41	19.156	—	—	—
R^2=0.889,调整后R^2 = 0.884						
积极情绪						
压力状态	5.076	1	5.076	0.711	0.404	0.017
前测	2016.410	1	2016.410	282.299	0.000	0.873
误差	292.856	41	7.143	—	—	—
R^2=0.919,调整后R^2 = 0.915						
消极情绪						
压力状态	95.360	1	95.360	8.397	0.006	0.170
前测	1378.272	1	1378.272	121.360	0.000	0.747
误差	465.633	41	11.357	—	—	—
R^2=0.771,调整后R^2 = 0.760						

成对比较结果见表 5-8，实验组研究对象的 TMD 后测均值比对照组后测均值低 3.808 分，$p=0.017$，大于 0.05 的检验水平，达到显著性差异。实验组研究对象的消极情绪后测均值比对照组后测均值低 3.579 分，$p=0.006$，大于 0.05 的检验水平。本实验研究结果表明，观看水景观能够促进游客的情绪恢复，并且对消极情绪的改善作用更加显著。控制前测变量后，实验组与对照组接受相同的恢复性刺激，实验组的情绪改善更加显著，说明高压力状态游客观看水景观后的情绪恢复效果更好。

表 5-8　　　　　　　　　　　　　成对比较

因变量	被试因素		均值差值 （I-J）	标准差	p
TMD后测值	（I）高压力状态游客	（J）一般压力状态游客	−3.808*	1.532	0.017*
消极情绪后测值	（I）高压力状态游客	（J）一般压力状态游客	−3.579*	1.235	0.006*

注：* 表示均值差值在 0.05 水平上较显著。

5.3　基于 Stroop 任务分析个体压力状态对游客旅游恢复性的影响作用

本章将被试颜色判断任务的正确率与反应时作为注意力恢复的指标。按照实验标准，剔除反应时低于 100 毫秒与正确率低于 60% 的个案数据[36, 37]，共计 44 名被试数据被纳入分析。首先对实验组与对照组的前后测 Stroop 成绩进行描述统计与组内比较分析，检验研究对象的 Stroop 正确率与反应时均值是否改善。然后根据实验目的，探讨处于不同压力状态的游客观赏水景观后的认知机能恢复性效应是否一致，通过单因素协方差分析检验压力因素对游客认知机能恢复性的影响。

5.3.1 水景观对两组游客认知机能恢复性的影响

检验参观水景观图片对高压力状态游客（实验组）与一般压力状态游客（对照组）认知机能恢复性的调节作用，对各组 Stroop 认知行为任务正确率与反应时的前测与后测数据进行配对样本 t 检验。

1. 正确率

首先，无论是实验组还是对照组，实验后测与实验前测的数据相比，正确率的均值有所上升，实验组研究对象后测正确率比前测正确率均值增加了 0.0355，对照组均值增加了 0.0136（见表 5-9）。

表 5-9   Stroop 任务正确率配对样本 t 检验

组别	正确率（均值 ± 标准差）			t	df	Sig.
	前测	后测	后测 − 前测			
实验组	0.933 ± 0.032	0.967 ± 0.027	+0.0355	4.249	21	<0.001**
对照组	0.964 ± 0.024	0.977 ± 0.026	+0.0136	2.043	21	0.054

注：** 表示均值差值在 0.01 水平上较显著。

两组样本均近似正态分布，采用配对样本 t 检验对两组分别进行正确率的组内比较，见表 5-9，实验组的 Stroop 任务正确率后测成绩均值（0.967 ± 0.027）显著高于前测成绩均值（0.933 ± 0.032），t=4.294，$p < 0.001$。对照组的 Stroop 任务正确率后测成绩均值（0.977 ± 0.026）高于前测成绩均值（0.964 ± 0.024），但并未达到显著水平，t=2.043，p=0.054，大于 0.05 的检验标准。检验结果说明两组游客在参观水景观图片后 Stroop 认知判断任务的成绩有所改善，并且高压力状态游客的成绩提升更加明显。

2. 反应时

实验组与对照组的反应时均值都有所下降，实验组研究对象后测反应时均值比前测反应时均值降低了 210.789 毫秒，对照组均值降低了 198.277 毫秒。采用配对样本 t 检验对实验组与对照组的前后测反应时进行组内比较，见表 5-10，实验组 Stroop 任务判断反应时差异十分显著，后测反应时 1048.365 毫秒与前测反应时 1259.154 毫秒相比显著缩短，$t=-7.521$，$p < 0.001$。对照组前后测反应时同样出现显著差异，实验后测反应时均值 1044.863 毫秒与前测反应时均值 1243.140 毫秒相比有所降低，$t=-6.524$，$p < 0.001$。

表 5-10　　　　　　　　　Stroop 任务反应时配对样本 t 检验

组别	反应时（均值 ± 标准差）			t	df	Sig.
	前测（毫秒）	后测（毫秒）	后测−前测（毫秒）			
实验组	1259.154 ± 179.874	1048.365 ± 179.874	−210.789	−7.521	21	<0.001***
对照组	1243.140 ± 130.805	1044.863 ± 156.761	−198.277	−6.524	21	<0.001***

注：*** 表示均值差值在 0.001 水平上较显著。

5.3.2　压力因素对游客认知机能恢复性的影响

组内比较结果提示无论是高压力状态游客还是一般压力状态游客，在参观水景观图片后其认知行为实验成绩都有所提升，表现在正确率均值上升与反应时均值下降，说明参观水景观图片能够引发游客认知机能的恢复性效应。下文将继续探究不同压力状态游客参观水景观图片后认知机能的恢复性效应是否一致。

两组正确率与反应时的前测成绩均值存在差异，无法直接进行独立样本比较，需要控制前测值这一混杂因素。与 5.2.2 节的分析方法相同，采取单因素协方差分析，判断在调整正确率和反应时前测值后，不同压力状态对正确率和反应时后测值的影响。将自变量压力状态分别与协变量（正确率前测值、反应时前测值）进行平行性检验，结果显示 p 值均大于 0.05，说明自变量与协变量相互独立。

各组因变量（正确率后测值、反应时后测值）均通过 Shapiro-Wilk 正态性检验与 Levene's 方差齐性检验。

协方差分析的结果见表 5–11。① Stroop 正确率：压力状态变量的 p 值大于 0.05，F=1.849，p=0.181，说明经协变量调整之后实验组与对照组的正确率后测均值差异不具有统计意义，即调整实验前测正确率成绩后，不同压力状态游客的实验后测正确率没有显著差异。②反应时：压力状态变量的 p 值大于 0.05，F=2.248，p=0.141，说明经协变量调整之后实验组与对照组的反应时后测均值差异不具有统计意义，即不同压力状态游客在观看水景观后的积极情绪得分没有显著差异。

表 5–11　　　　　　　　　　　协方差分析

差异源	平方和	df	均方	F	Sig.	η^2
正确率						
压力状态	0.001	1	0.001	1.849	0.181	0.043
前测	0.006	1	0.006	18.049	0.000	0.306
误差	0.015	41	0.000			
R^2=0.404，调整后R^2 = 0.374						
反应时						
压力状态	2104.115	1	2104.115	2.248	0.141	0.052
前测	272170.898	1	272170.898	290.781	0.000	0.876
误差	38375.979	41	935.999			
R^2=0.329，调整后R^2 = 0.297						

5.4 小结

本章借助 POMS 与 Stroop 认知行为任务考察了 44 名被试参观水景观图片后的情绪与认知机能恢复情况。

通过对所有恢复性指标的前后测数据进行组内比较，高压力状态游客实验后测的 TMD、消极情绪、Stroop 正确率和反应时这些指标的积极变化达到显著性水平，而一般压力状态游客的实验后测数据中仅 TMD 和 Stroop 反应时这两个指标达到显著性差异。可以认为本实验刺激材料与实验分组设计合理，能够有效激发被试的恢复性反应。

从组内比较的结果看，高压力状态游客似乎对恢复性指标的响应更加积极，为进一步探究压力因素对游客旅游恢复性效应可能存在的影响作用，采用单因素协方差分析探究了控制协变量后实验组与对照组后测成绩的差异情况。实验结果表明，在控制了前测数据后，高压力状态游客与一般压力状态游客之间仅在 TMD 与消极情绪的后测均值上存在显著差异，Stroop 任务正确率与反应时均未见显著差异。可见，压力因素对于游客情绪恢复性效应具有明显的调节作用，对于游客认知机能恢复性效应的影响不显著。

参考文献

[1] Liu J, Wang Y, Zimmer C, et al. Factors associated with soundscape experiences in urban green spaces: A case study in Rostock, Germany[J]. Urban Forestry & Urban Greening, 2019, 37: 135-146.

[2] Chiang Y C, Li D, Jane H A. Wild or tended nature? The effects of landscape location and vegetation density on physiological and psychological responses[J]. Landscape and Urban Planning, 2017, 167: 72-83.

[3] Gao T, Zhang T, Zhu L, et al. Exploring psychophysiological restoration and individual preference in the different environments based on virtual reality[J]. International journal of environmental research and public health, 2019, 16（17）: 3102.

[4] 王小娇. 恢复性环境的恢复性效果及机制研究 [D]. 陕西师范大学，2015.

[5] 陈筝，翟雪倩，叶诗韵，张颖倩，于琰. 恢复性自然环境对城市居民心智健康影响的荟萃分析及规划启示 [J]. 国际城市规划，2016，31（4）：16-26+43.

[6] 汪京强，林静远，李丹，肖曲. 旅游目的地品牌个性认知机制探索及应用：以一项大学生游客 ERP 实验为例 [J]. 南开管理评论，2018，21（4）：206-218.

[7] 秦锋，杨卫平，杨葭，李宏宁，罗艳琳，吕宪魁，刘屹超，邹纪平. 基于亮度信息匹配的国画艺术品图像重建研究 [J]. 光学学报，2014，34（10）：337-345.

[8] 秦一心，方亮，张龙，史久西，王斌. 森林色彩三要素独立变化对观赏效应的影响 [J]. 中国人工林业，2016，14（3）：26-32.

[9] 叶婉柔（Wan-Jou Yeh），欧圣荣（Sheng-Jung Ou）. 探讨水体不同类型尺度对受测者心理感受之影响 [J]. 造园景观学报，2013，19（3）：15-34.

[10] Ulrich R S, Simons R F, Losito B D, et al. Stress recovery during exposure to natural and urban environments[J]. Journal of environmental psychology, 1991, 11（3）: 201-230.

[11] Grassini S, Revonsuo A, Castellotti S, et al. Processing of natural scenery is associated with lower attentional and cognitive load compared with urban ones[J]. Journal of

Environmental Psychology, 2019, 62: 1-11.

[12] Hagerhall C M, Laike T, Taylor R P, et al. Investigations of human EEG response to viewing fractal patterns[J]. Perception, 2008, 37（10）: 1488-1494.

[13] Johansson M, Gyllin M, Witzell J, et al. Does biological quality matter? Direct and reflected appraisal of biodiversity in temperate deciduous broad-leaf forest[J]. Urban Forestry & Urban Greening, 2014, 13（1）: 28-37.

[14] Chang C Y, Hammitt W E, Chen P K, et al. Psychophysiological responses and restorative values of natural environments in Taiwan[J]. Landscape and urban planning, 2008, 85（2）: 79-84.

[15] Aspinall P, Mavros P, Coyne R, et al. The urban brain: analysing outdoor physical activity with mobile EEG[J]. British journal of sports medicine, 2015, 49（4）: 272-276.

[16] Hagerhall C M, Laike T, Taylor R P, et al. Investigations of human EEG response to viewing fractal patterns[J]. Perception, 2008, 37（10）: 1488-1494.

[17] Ward L M. Synchronous neural oscillations and cognitive processes[J]. Trends in cognitive sciences, 2003, 7（12）: 553-559.

[18] Handbook of psychophysiology[M]. Cambridge university press, 2007.

[19] 李颖洁, 邱意弘, 朱贻盛. 脑电信号分析方法及其应用 [M]. 北京: 科学出版社, 2009.

[20] 卢英俊, 戴丽丽, 吴海珍, 秦金亮. 不同类型音乐对悲伤情绪舒缓作用的 EEG 研究 [J]. 心理学探新, 2012, 32（4）: 369-375.

[21] Faber Taylor A, Kuo F E. Children with attention deficits concentrate better after walk in the park[J]. Journal of attention disorders, 2009, 12（5）: 402-409.

[22] Li D, Sullivan W C. Impact of views to school landscapes on recovery from stress and mental fatigue[J]. Landscape and Urban Planning, 2016, 148: 149-158.

[23] Elisabet S S, Maria N, Ylva L, et al. Restorative effects of visits to urban and forest environments in patients with exhaustion disorder. Urban Forestry & Urban Greening,

2014，13（2），344–354.

[24] Morton T A，van der Bles A M，Haslam S A. Seeing our self reflected in the world around us：The role of identity in making（natural）environments restorative[J]. Journal of Environmental Psychology，2017，49：65–77.

[25] Etnier J L，Chang Y K. The effect of physical activity on executive function：a brief commentary on definitions，measurement issues，and the current state of the literature[J]. Journal of Sport and Exercise Psychology，2009，31（4）：469–483.

[26] 陈俊，刘海燕，张积家.Stroop 效应研究的新进展——理论、范式及影响因素 [J]. 心理科学，2007（2）：415–418+390.

[27] 杨小冬，罗跃嘉.注意受情绪信息影响的实验范式 [J]. 心理科学进展，2004（6）：833–841.

[28] McNair D M. Profile of mood states instrument[J]. Manual for the profile of mood states，1971.

[29] Bratman G N，Daily G C，Levy B J，et al. The benefits of nature experience：Improved affect and cognition[J]. Landscape and Urban Planning，2015，138：41–50.

[30] Morton T A，van der Bles A M，Haslam S A. Seeing our self reflected in the world around us：The role of identity in making（natural） environments restorative[J]. Journal of Environmental Psychology，2017，49：65–77.

[31] 祝蓓里 .POMS 量表及简式中国常模简介 [J]. 天津体育学院学报，1995（1）：35–37.

[32] Scopelliti M，Carrus G，Bonaiuto M. Is it really nature that restores people? A comparison with historical sites with high restorative potential[J]. Frontiers in psychology，2019.

[33] Kaplan R, Kaplan S. The Experience of Nature: A Psychological Perspective. New York, NY: Cambridge University Press,1989.

[34] 贝尔，朱建军著，吴建平等译. 环境心理学（第 5 版）[M]. 北京：中国人民大学出版社，2005，43–46.

[35] Capaldi C A，Dopko R L，Zelenski J M. The relationship between nature connectedness and happiness：A meta-analysis[J]. Frontiers in psychology，2014：976.

[36] 池丽萍，苏谦.青少年依恋环境的情绪启动和注意恢复功能 [J]. 心理发展与教育，2012，28（5）：471-477.

[37] Foxe J J, Snyder A C. The role of alpha-band brain oscillations as a sensory suppression mechanism during selective attention[J]. Frontiers in psychology，2011，2：154.

第 6 章

压力状态 — 环境类型对游客旅游恢复性的交互效应分析

减压是人们参与旅游活动的重要动机，然而即使是前往同一旅游目的地，由于个体所处的压力状态不同，所产生的恢复性效应也不同。本章基于游客压力状态，以环境恢复性主观综合评价与脑电生理反应两种数据为证，探索游客压力因素与水景观环境因素交互作用（interaction）下的游客旅游恢复性。若交互作用显著，则进行简单效应（simple effect）分析；若交互作用不显著，则进行主效应（main effect）检验。交互作用是指当某因素的各个单独效应随另一因素变化而变化时，则这两个因素间存在交互作用。本实验中涉及游客类型、水景环境和水体形态三因素交互分析。简单效应是指当其他因素的水平固定时，同一因素不同水平间的差别。本实验中，当游客类型固定在高压力状态，自然与人工水景环境分别对应的恢复性效应值即为简单效应。主效应是指某一因素在各水平间的平均差别。本实验中当游客类型固定在高压力状态与一般压力状态时，对水景观环境因素的单独效应求值，两者平均后即得到水景观环境因素的主效应。

6.1 基于 PRS 环境恢复性感知量表的分析

6.1.1 水景观环境恢复性感知描述统计

为考察被试对水景观环境恢复性感知的总体情况，对问卷数据在 PRS 总分与各维度得分进行描述性统计分析。对 PRS 的数据质量进行检验，可靠性检验结果显示，总体克朗巴哈系数为 0.955，大于检验标准 0.9，表明该量表内部一致性较高。各维度量表系数为 0.901~0.929，均大于 0.9，说明该量表可靠，可以进行下一步分析。考察不同类型水景观的恢复性感知的均值与标准差，结果见表

6-1，自然水景观的总体恢复性感知与各维度评分基本都高于人工水景观。滞水景观的环境恢复性评分显著高于流水景观与落水景观。

表 6-1　　　　　　　　　　不同类型水景观的恢复性感知描述统计

组别			远离	魅力	延展	兼容性	总分
自然水景观	滞水	均值	4.350	4.250	3.781	4.150	4.165
		标准差	0.568	0.463	0.287	0.635	0.449
	流水	均值	3.775	3.609	3.609	3.363	3.591
		标准差	0.779	0.579	0.500	0.581	0.416
	落水	均值	3.613	3.703	3.656	3.313	3.585
		标准差	0.524	0.694	0.386	0.861	0.547
人工水景观	滞水	均值	4.029	3.964	3.554	3.914	3.893
		标准差	0.739	0.790	0.418	0.641	0.600
	流水	均值	3.657	3.482	3.036	3.643	3.477
		标准差	0.872	0.695	0.642	0.593	0.606
	落水	均值	3.457	3.188	3.375	3.243	3.295
		标准差	0.861	0.867	0.570	0.773	0.605

对实验组与对照组的恢复性感知得分做独立样本 t 检验，结果见表 6-2，实验组相较于对照组，对水景观各维度的恢复性主观评价得分普遍较高：远离维度上，对照组均值为 3.93，实验组均值为 3.14，差值为 0.79，$t=4.044$，$p < 0.001$，达到极其显著的差异水平；对照组的魅力均值为 3.91，实验组均值为 3.19，$t=3.774$，$p=0.002 < 0.01$，差异较为显著；对照组的兼容性均值为 3.72，实验组为 3.27，$t=2.23$，$p=0.034 < 0.05$，达到显著性差异；实验组与对照组在延展上的评分相差 0.217，未到达显著差异，$t=0.938$，$p=0.356 > 0.05$。两组恢复性评价总分值也存在显著差异，实验组 3.17，比对照组低 0.616，$t=3.932$，$p < 0.001$。

表 6-2   水景观环境恢复性评价独立样本 t 检验

组别	对照组		实验组		差值	t	df	Sig.
	均值	标准差	均值	标准差				
远离	3.930	0.433	3.140	0.662	0.790	4.044	42	<0.001[***]
魅力	3.910	0.483	3.190	0.555	0.717	3.774	42	0.002[**]
延展	3.450	0.544	3.230	0.710	0.217	0.938	42	0.356
兼容性	3.720	0.570	3.270	0.543	0.453	2.230	42	0.034[*]
总分	3.790	0.346	3.170	0.429	0.616	3.932	42	<0.001[***]

注：*表示均值差值在 0.05 水平上较显著，** 表示在 0.01 水平上较显著，*** 表示在 0.001 水平上较显著。

6.1.2 水景环境、水体形态与压力因素的交互作用分析

本实验设计的组间因素为高压力状态游客和一般压力状态游客，组内因素为自然水景观与人工水景观两种水景环境，以及滞水、流水、落水三种水体形态。对游客类型（高压力状态、一般压力状态）×水景环境（自然水景、人工水景）×水体形态（滞水、流水、落水）的 PRS 主观恢复性评价进行三因素重复测量方差分析，发现水景环境与水体形态的交互作用不显著，$F_{(2, 129)}=2.412$[①]，$p=0.094 > 0.05$。水体形态主效应分析显示，滞水、流水、落水三者之间存在显著差异，远离 $F_{(2, 129)}=6.642$，$p=0.002 < 0.05$；魅力 $F_{(2, 129)}=7.775$，$p=0.001 < 0.05$；延展 $F_{(2, 129)}=3.233$，$p=0.043 < 0.05$；兼容性 $F_{(2, 129)}=9.796$，$p < 0.001$；总体得分 $F_{(2, 129)}=11.378$，$p < 0.001$。方差检验结果说明三种水体形态在 PRS 各维度与总体恢复性得分上都存在显著差异，下文采用事后多

---

① F 统计量结果的表达方式，即 F（组间自由度，组内自由度）= 具体数值。

重比较进一步检验三者之间的具体差异情况。

事后多重比较结果见表 6-3。三种水体形态在远离、兼容性以及总体的恢复性得分上表现出相一致的规律性，即滞水景观的得分均值最高，其次是流水和落水景观，且滞水景观与后两者的得分达到显著差异；流水景观又稍高于落水景观的恢复性得分，但均未达到显著性差异。魅力一项，落水景观评分高于流水景观，但未达到显著性，滞水评分仍然显著高于流水和落水景观。延展一项，滞水景观仅与落水景观存在显著性差异，与流水景观之间的差异没有达到显著性水平。以上结果表明游客对滞水景观环境恢复性知觉评分最高，几乎所有维度与总体分值都与流水、落水景观的评分差距显著，而流水与落水景观之间未发现统计意义上的差异。从水景流动性的角度看，本章所选取的滞水、流水、落水可以划分为静态水景观与动态水景观，根据数据分析结果，静态水景观比动态水景观的恢复性评分更高。

表 6-3　　　　　　　　　不同水景观 PRS 得分的多重比较

因变量	水体形态		均值差（I-J）	标准误	显著性	95% 置信区间	
	（I）水体	（J）水体				下限	上限
远离	流水	落水	0.1800	0.1872	0.3390	−0.1921	0.5521
	滞水	流水	0.4800	0.1872	0.0120*	0.1079	0.8521
	滞水	落水	0.6600	0.1872	0.0010*	0.2879	1.0321
魅力	流水	落水	−0.0875	0.1801	0.6280	−0.2705	0.4455
	滞水	流水	0.6542	0.1801	—	0.2962	1.0122
	滞水	落水	0.5667	0.1801	0.0020*	0.2087	0.9247
延展	流水	落水	0.1833	0.1313	0.1660	−0.4443	0.0776
	滞水	流水	0.1500	0.1313	0.2560	−0.1110	0.4110
	滞水	落水	0.3333	0.1313	0.0130*	0.0724	0.5943

续表

因变量	水体形态		均值差 （I-J）	标准误	显著性	95% 置信区间	
	（I）水体	（J）水体				下限	上限
兼容性	流水	落水	0.2133	0.1771	0.2320	−0.1387	0.5654
	滞水	流水	0.5467	0.1771	0.0030*	0.1946	0.8987
	滞水	落水	0.7600	0.1771	—	0.4080	1.1120
总分	流水	落水	0.0280	0.1391	0.8410	−0.2484	0.3044
	滞水	流水	0.5600	0.1391	—	0.2836	0.8364
	滞水	落水	0.5880	0.1391	—	0.3115	0.8643

注：* 表示均值差值在 0.05 级别上较显著，** 表示在 0.01 级别上较显著，*** 表示在 0.001 级别上较显著。

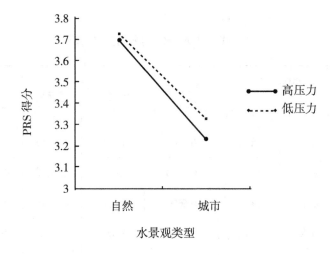

图 6-1　PRS 得分的水景观类型与压力状态交互效应

为考察水景环境与压力因素交互作用下水景观环境恢复性评估情况，对 PRS 总分的均值进行 2（水景环境：自然、城市）×2（游客类型：高压力状态、低压力状态）的交互作用分析，没有发现两因素之间存在交互效应 $F_{(1, 40)}=0.37$，$p>0.05$（见图 6-1）。

无论是对自然还是人工水景观，处于高压力状态下的游客都倾向于给出更低的环境恢复性评分，高压力状态游客给出的自然水景观的评分均值为 3.698，低于一般压力状态游客给出的评分均值 3.714；而对于人工水景观，高压力状态游客给出的评分均值为 3.217，显著低于一般压力状态游客给出的评分 3.35，$t=2.995$，$p=0.041 < 0.05$。

根据第五章的研究结果，从情绪状态与认知机能水平前后测变化的角度，高压力状态游客实际上是发生恢复性积极变化更显著的群体。而恢复性知觉评价结果则提示高压力状态游客对水景观环境恢复性评估低于一般压力状态游客，与前后测实验结果相矛盾。这也反映了游客心理生理与认知恢复性效应存在不一致，全面评估游客旅游恢复性效应有助于形成多方验证。

6.2　基于 EEG 脑电频谱数据的分析

在第五章实验获取脑电数据的基础上，利用脑电数据分析不同水景观的恢复性及其差异。

6.2.1　脑电数据处理

1. 数据预览

脑电预览的目的是了解所采集电信号的基本特征：观察眼电、肌电等人体电信号的方向；查看电极之间是否相互干扰，观察不同电极之间波形是否存在同步变化，若同步变化，则说明两个电极点发生串联，需要剔除电极点；观察某个电极或时间段数据是否出现明显漂移，如果某个电极全程都出现漂移伪迹（见图6-2），可将该电极删除，以避免影响其他电极。如果某个时间段内的数据出现大量伪迹，可选中该段数据删除，保留其他稳定数据即可。

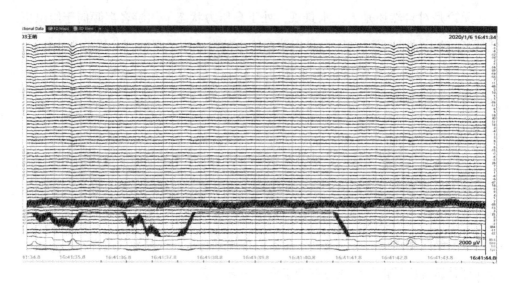

图 6-2 基线漂移示意图

2. 伪迹校正与剔除

脑电信号在采集过程中容易受到眨眼、肌肉运动、出汗等生理动作的影响，这些统称为脑电数据伪迹。实验研究发现眼电、肌电等人体电信号基本是由相互独立的信号源产生，能够根据伪迹波形波幅识别。伪迹数据波幅往往较高，会干扰正常的脑电数据分析。因此，在处理脑电数据时，需要剔除或校正干扰数据。

实验数据伪迹的处理步骤为：首先，校正眼电伪迹，选中 $-200\mu V \sim 0\mu V$，$-200ms \sim 500ms$ 时间段的眼电信号范围，运行程序自动标记全段的眼电伪迹，见图 6-3，校正后结果见图 6-4。然后，利用阈值法去除超出正常范围的时间段。正常采集的脑电数据幅值绝对值通常不会超过 $0\mu V \sim 50\mu V$，这里选用宽松标准，去除幅值超过 $0\mu V \sim 100\mu V$ 的时间窗，见图 6-5。最后观察整体数据，可继续手动选择不合格段落剔除。如果伪迹过多，大量覆盖实验任务段数据，应舍弃该样本。

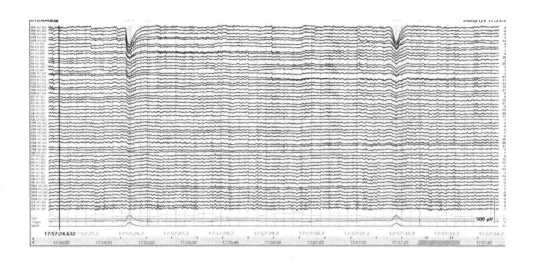

图 6-3　去除眼电伪迹前

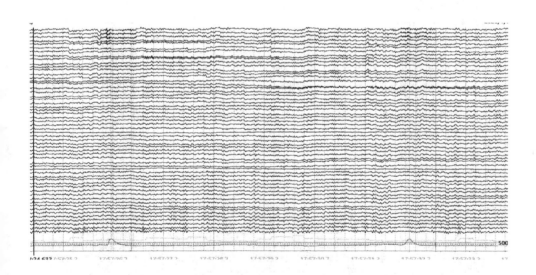

图 6-4　去除眼电伪迹后

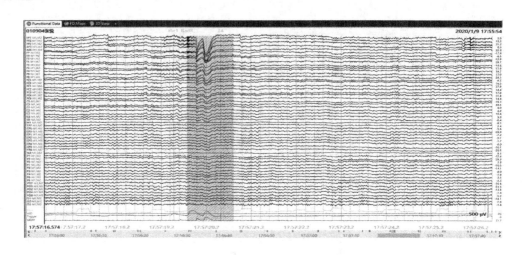

图 6-5　剔除时间段

3. 数据分段

Curry7.0 软件按照时间序列采集的脑电信号包含 recorder 开始到结束的整段数据。采集过程中 E-prime 软件将刺激图像出现的时间打上标记，见图 6-6。在对 EEG 进行分析时需要选取包含刺激发生后的时间段，本次选取的时间段为 1000ms~5000ms。此外，选取图像刺激预实验开始前的 3 分钟休息状态作为基线数据。

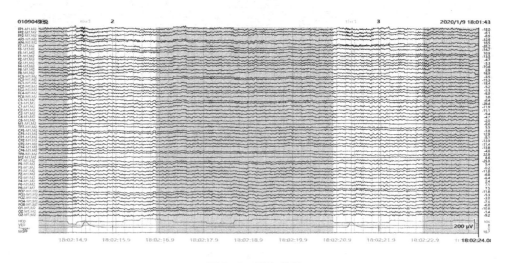

图 6-6　脑电分段

4. 实验电极导联选取

图 6-7 为原始数据采集界面，波纹为恢复性图像刺激下的被试脑电波形，下方横轴代表时间，左侧纵轴为 64 个电极名称以及水平眼电（HEO）、垂直眼电（VEO）、均值（MGFP），右侧纵轴的数值表示每个电极在某时刻下的波形频率。

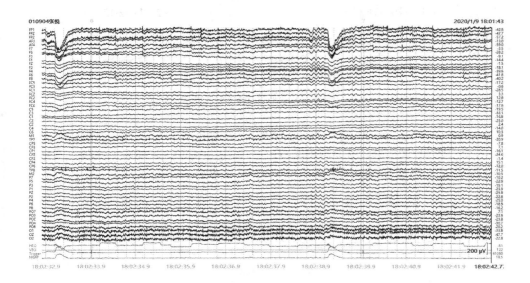

图 6-7 原始脑电数据采集界面

脑电频域分析适用于量化持续时间更长的大脑活动情况。频谱分析是指将原始信号处理为不同频率段的幅值振荡。本实验要求被试持续暴露于恢复性图像中，利用脑电频域分析能够得到该时段的脑恢复数据，因此，我们采集并绘制了 58 名被试的包含所有电极导联的脑电频域数据。

6.2.2 自然与人工水景观引发的脑电变化分析

计算休息状态、观看自然水景观与人工水景观三种条件下的脑电频谱数据，分析电极点在 4Hz~30Hz 频段的频谱振幅变化情况。

对 α1（8Hz~11Hz）、α2（11Hz~13Hz）、θ（4Hz~8Hz）和 β（13Hz~30Hz）4 个频段的数据进行单独分析，统计不同频率下对应的脑电频谱幅值并绘制频谱波形图。如图 6-8 所示，横坐标代表频率（Hz），纵坐标为频谱幅值（μV），休息状态、观看自然水景观与观看人工水景观三种实验条件下分别用不同线条表示。

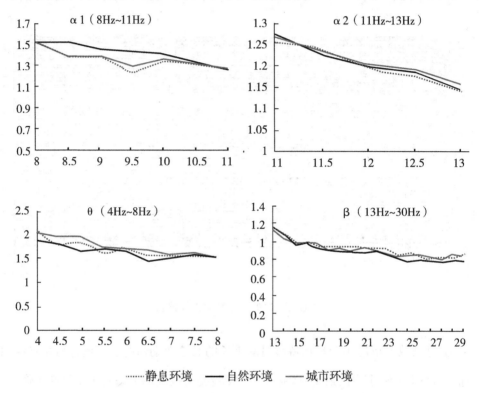

图 6-8　三种条件下 α1、α2、θ 和 β 频段的频谱波形

对 α1（8Hz~11Hz）、α2（11Hz~13Hz）、θ（4Hz~8Hz）和 β（13Hz~30Hz）每个频段的休息状态、观看自然水景观、观看人工水景观三种实验条件下频谱幅值进行方差分析，当 mauchly 球形检验不满足时，即 p 值小于 0.05，则采用 Greenhouse Geisser 法校正。发现不同实验条件下的脑电频段幅值存在显著差异，进行事后多重比较分析，具体结果见表 6-4。

α1（8Hz~11Hz）：相较于休息状态，被试的低频 α 谱值在观看自然水景观与人工水景观时都有所升高，其中观看自然水景观与休息状态相比均值升高了 0.0717，$t=-3.353$，$p=0.015 < 0.05$，达到显著性水平；观看人工水景观与休息状态相比均值升高了 0.0159，$t=-2.621$，$p=0.04 < 0.05$，同样达到显著性水平；此外，观看自然水景观时的低频 α 谱值显著高于观看人工水景观，$t=3.001$，$p=0.024 < 0.05$。

α2（11Hz~13Hz）：尽管相较于休息状态，观看自然水景观与人工水景观时的高频 α 谱值都有所上升，但变化并没有低频 α 那么明显，仅观看人工水景观时与静息状态下相比达到显著水平的升高，$t=-3.74$，$p=0.020 < 0.05$。人工水景观比自然水景观稍高，但未发现显著差异。

θ（4Hz~8Hz）：相较于休息状态，被试的 θ 频段谱值在观看自然水景观时有所降低，而观看人工水景观却出现一定比例的增加，但均未达到显著性水平。自然与人工水景观之间存在显著差异，$t=-3.511$，$p=0.008 < 0.05$。人工图像导致 θ 频段谱值增加的原因可能是人工建成环境的复杂以及熟悉场景触发了人的联想记忆。

β（13Hz~30Hz）：与休息状态相比，观看自然水景观与人工水景观的 β 频段谱值都有所减少，均达到显著性水平。观看自然水景观减少了 0.0444，$t=7.13$，$p= < 0.001$，达到极为显著水平，观看人工水景观减少了 0.0177，$t=3.46$，$p=0.003 < 0.05$。自然组显著低于人工组，$t=-2.621$，$p=0.04 < 0.05$。

以上结果说明，无论是自然环境还是人工环境下的水景观，都能够引发脑电 4 种频段频谱值的变化，其中 α1 和 β 波的变化最为明显，但二者是反向变动的，即从休息状态到观看自然和人工水景观，α1 频谱值分别升高了 0.0717 和 0.0159，β 频谱值分别降低了 0.0444 和 0.0177。

表6-4 配对样本 t 检验

频段			成对差分					t	Sig.（双侧）
			均值	标准差	均值的标准误	差分的95%置信区间			
						下限	上限		
θ	对1	休息—自然	0.0566	0.0851	0.0284	−0.0088	0.1220	1.995	0.081
	对2	休息—人工	−0.0527	0.0688	0.0229	−0.1056	0.0002	−2.298	0.051
	对3	自然—人工	−0.1093	0.0934	0.0311	−0.1811	−0.0375	−3.511	0.008**
α1	对1	休息—自然	−0.0717	0.0566	0.0214	−0.1241	−0.0194	−3.353	0.015*
	对2	休息—人工	−0.0159	0.0161	0.0061	−0.0308	−0.0011	−2.621	0.040*
	对3	自然—人工	0.0558	0.0492	0.0186	0.0103	0.1013	3.001	0.024*
α2	对1	休息—自然	−0.0041	0.0104	0.0046	−0.0170	0.0088	−0.874	0.431
	对2	休息—人工	−0.0096	0.0057	0.0026	−0.0167	−0.0025	−3.74	0.020*
	对3	自然—人工	−0.0055	0.0068	0.0030	−0.0139	0.0029	−1.824	0.142
β	对1	休息—自然	0.0444	0.0264	0.0062	0.0313	0.0576	7.13	<0.001***
	对2	休息—人工	0.0177	0.0217	0.0051	0.0069	0.0285	3.46	0.003**
	对3	自然—人工	−0.0267	0.0288	0.0068	−0.0410	−0.0124	−3.941	0.001**

注：*表示均值差值在0.05水平上较显著，**表示在0.01水平上较显著，***表示在0.0001水平上较显著。

根据注意力恢复理论，我们假设自然风光相关的图像相比人工建成风光更加令人放松，反映在脑电频域指标上意味着 α 功率的增加和 β 功率的减少。前人研究证明，α 波段的增加与大脑低活力水平及注意力有关[1, 2]。与 α 波段的表现恰好相反，β 波段的增加则与活跃的心态相关[3]。

实验结果表明，低频 α 波（8Hz~11Hz）的功率与生理恢复性存在正相关关系，这一点与前人研究相符合 [4]。实际上这些有关 α 波与生理压力通常计算的是 8Hz~13 Hz 的平均幅值变化情况，认为 α 波的增长与兴奋度降低存在正相关。但对于 α 波的分段测评却发现，低频段与高频段表现相反。高频 α 波（11Hz~13Hz）的变动趋势与 β 波（13Hz~30Hz）更为相似。在本实验中，与人工水景观相比，自然景观图像的 β 波（13Hz~30 Hz）相对更低。认知动力学中也认定 α 波和 β 波的活性表现相反且彼此负相关 [1, 3]。θ 波与情绪加工、工作记忆及其过程有关 [5, 6]。在观看自然风光图像时，低频频段 θ 的功率下降，而在观看人工景观时会相对增加。理论上，人工风景图像中 θ 活动的增加可能与工作记忆有关，但尚不清楚图像类别在记忆需求方面的表现有何不同。人们对某种人工建成环境风光图像的认知程度可能影响到 θ 活动增加，或者参与者在进行实验任务时试图将某些人工风光特征与他们已经熟悉的事物联系起来，因此调动了更多的认知资源。

6.2.3 水景观环境与压力因素的交互作用

对高压力状态游客与一般压力状态游客的静息脑电频谱进行配对样本 t 检验，样本的 Shapiro-Wilk 检验的 p 值均小于 0.05，且通过 Levene 方差齐性检验。t 检验两组发现存在显著差异，表明不同压力状态的被试脑电数据基线值不同，具体表现为：高压力状态组的 α 值显著低于低压力状态组的 α 值，$t=-2.352$，$p < 0.05$；高压力状态组的 β 值显著高于低压力状态组的 β 值，$t=1.28$，$p < 0.05$。由于基线初始值不相同，后续将采用脑电频谱相对值进行分析。

为考察水景观环境与压力因素交互作用下水景观对游客的脑电生理恢复性情况，对脑电频谱 α1 与 β 值分别进行交互作用分析（见图 6-9），2（水景观环境：自然 vs 城市）×2（游客类型：高压力状态 vs 一般压力状态），没有发现两因素之间存在交互效应 [F（1，40）=0.37，$p > 0.05$]。

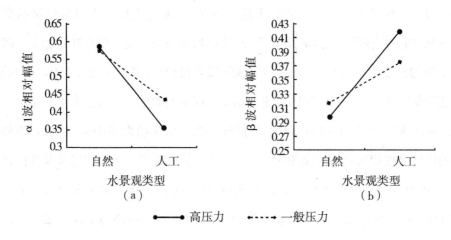

图6-9　水景观类型与压力状态交互效应轮廓（a为 α 波、b为 β 波）

　　α1：压力状态与环境类型的交互作用显著，F（1，40）=8.381，$p=0.006 < 0.05$，简单效应分析显示，压力状态在自然环境下存在恢复性显著差异，压力状态在人工环境下也存在恢复性显著差异。即自然环境下，高压力状态的 α1 平均相对谱值为0.587，低压力状态的 α1 平均相对谱值为0.574，高压力状态组的 α1 平均相对谱值高于低压力状态组，表明高压力状态游客在自然水景观环境中的生理放松程度变化更明显。而在人工环境下，高压力状态的 α1 平均相对谱值为0.355，低压力状态的 α1 平均相对谱值为0.433，高压力状态组的 α1 平均相对谱值低于低压力状态组，表明高压力状态游客在人工水景观环境中生理放松效果较弱。

　　β：压力状态与环境类型的交互作用显著，F（1，40）=7.453，$p=0.09 > 0.05$，简单效应分析显示，压力状态在自然环境下存在恢复性显著差异，压力状态在人工环境下也存在恢复性显著差异。即自然环境下，高压力状态的 β 平均相对谱值为0.298，低压力状态的 β 平均相对谱值为0.317，高压力状态组的 β 平均相对谱值低于低压力状态组，表明高压力状态游客在自然水景观环境中的生理放松程度变化更明显。而在人工环境下，高压力状态的 β 平均相对谱值为0.419，低压力状态的 β 平均相对谱值为0.375，高压力状态组的 β 平均相对谱值高于低压力状态组，表明高压力状态游客在人工水景观环境中容易感到紧张，不能完全放松。

6.2.4 脑电指标与其他游客旅游恢复性效应测量指标的相关性分析

探究脑电功率谱数据能否用于测量游客的环境恢复性体验，并进一步解析脑电指标的含义，采用相关分析法探究脑电指标与认知实验数据、情绪自评得分以及恢复性主观评价之间的关系（采用所有被试数据的均值）。结果见表 6-5，α1 频谱与其他恢复性测量指标均显著相关，其中与 Stroop 正确率和 PRS 呈正相关，与 β 频谱、Stroop 反应时和 POMS 压力得分呈负相关；β 频谱与 PRS 得分没有达到显著相关，与 Stroop 正确率显著负相关，与 Stroop 反应时、POMS 得分之间存在正向关联，表明脑电 α1 频谱与 β 频谱能够有效测量被试参观水景观图片的生理恢复性效应。

表 6-5　　　　　　　　　脑电与其他恢复性指标相关性分析

		Stroop 正确率	Stroop 反应时	POMS 得分	PRS 得分	α1	β
显著性（双侧）	Pearson 相关性	1	−0.918***	−0.209*	0.321*	0.404**	−0.344**
	显著性（双侧）		0.000	0.018	0.032	0.002	0.001
Stroop 反应时	Pearson 相关性		1	0.242*	−0.176	−0.212*	0.332**
	显著性（双侧）			0.023	0.065	0.015	0.008

续表

		Stroop 正确率	Stroop 反应时	POMS 得分	PRS 得分	α1	β
POMS 得分	Pearson 相关性			1	–0.248*	–0.329**	0.368**
	显著性（双侧）				0.047	0.002	0.001
PRS 得分	Pearson 相关性				1	0.235*	–0.119
	显著性（双侧）					0.036	0.112
α1	Pearson 相关性					1	–0.877***
	显著性（双侧）						0.000
β	Pearson 相关性						1
	显著性（双侧）						

注：* 表示均值差值在 0.05 级别上较显著，** 表示在 0.01 级别上较显著，*** 表示在 0.001 级别上较显著。

6.3 小结

本章通过 PRS 恢复性感知量表与 EEG 频谱数据考察了 44 名被试参观水景观图片的主观感知与脑电生理恢复性情况。采用多因素方差分析检验了水景观环境因素与游客压力因素交互作用下的主观感知与脑电恢复性效应。

　　PRS 总分及各维度得分、脑电频谱中的 α1（8Hz~11Hz）和 β（13Hz~30Hz）频段这些恢复性指标均显示出自然水景观与人工水景观之间存在显著的恢复性差异，不同水体形态的水景观之间恢复性也有所差异。概括而言，静态水景观相比动态水景观显示出更高的环境恢复性效应。

　　PRS 检验没有发现环境与压力因素的交互效应，但独立样本 t 检验结果表明高压力状态游客对水景观主观恢复性感知评分低于一般压力状态的游客。而脑电频谱数据显示水景观环境与游客压力状态之间存在交互效应，即高压力状态游客参观自然水景观时生理恢复性高于一般压力状态游客，参观人工水景观时则低于一般压力状态游客。

　　通过相关性分析验证了脑电指标与其他恢复性指标之间的关系，证明 α1 频谱与 β 频谱能够有效测量游客生理恢复性效应的有效指标。

　　本研究也存在不足。①恢复性媒介设计单一，局限于图像刺激。本实验是在基于视觉接触引发被试恢复性效应的假设上实施的，该假设源于本章所援引的注意力恢复理论与压力缓解理论。尽管在环境恢复性研究中，无数的研究证明了由实验控制的图像视觉接触能够比拟现场观赏体验，且沉浸式观看图像被证实是有效的视觉接触途径，但其他感官所引发的恢复性效应仍不容忽视。真实旅游情境下，游客体验源于多感官的环境互动。对于本章的研究对象水景旅游目的地而言，水声也被认为具有高恢复性[8]。本章所采用的观看水景图像的研究方式没有纳入水声要素，这是由于脑电实验研究受到严格变量控制（刺激材料规模、色相、饱和度等指标统一）和小样本的局限，无法在一项研究中分解所有具有恢复性的要素。然而，也有研究表明，在没有任何外部听觉刺激的情况下，通过观看图像时想象场景可能存在的声音也会导致听觉皮层激活。期待在今后的研究中构建视听结合、联觉体验的实验场景，探讨基于多感官接触的旅游目的地环境的游客旅游恢复性效应。②实验样本单一，生态效度受限。参与本实验的被试以年轻群体为主，学历、收入、年龄等人口统计特征无群体差异，尽管这有助于控制被试的生理、认知、身体机能等基础水平，这一点对于神经科学实验研究十分重要，但该样本所得到的研究结论能否适用于所有游客我们并不能确定。

后续研究中，应纳入更丰富的样本群体，充分考虑游客年龄层次、旅游经验、社会阶层等个体因素对恢复性的影响作用。未来可以继续探索将心理生理实验研究方法应用到旅游现象的解释与理论模型验证中。旅游目的地管理方也可在规划设计时与高校或咨询公司合作，借助相关技术优化景区环境，助益提升游客旅游恢复性效应。

参考文献

[1] Foxe J J, Snyder A C. The role of alpha-band brain oscillations as a sensory suppression mechanism during selective attention[J]. Frontiers in psychology, 2011, 2: 154.

[2] Toscani M, Marzi T, Righi S, et al. Alpha waves: a neural signature of visual suppression[J]. Experimental brain research, 2010, 207（3）: 213-219.

[3] Principles of neural science[M]. New York: McGraw-hill, 2000.

[4] Ulrich R S. Natural versus urban scenes: Some psychophysiological effects[J]. Environment and behavior, 1981, 13（5）: 523-556.

[5] Balconi M, Pozzoli U. Event-related oscillations （EROs） and event-related potentials （ERPs） comparison in facial expression recognition[J]. Journal of Neuropsychology, 2007, 1（2）: 283-294.

[6] Fuentemilla L, Penny W D, Cashdollar N, et al. Theta-coupled periodic replay in working memory[J]. Current Biology, 2010, 20（7）: 606-612.

[7] 王亚平, 尹春航, 籍仙荣, 王宇. 人工历史街区声景观及视听感知实验研究 [J]. 应用声学, 2020, 39（1）: 104-111.

[8] Bunzeck N, Wuestenberg T, Lutz K, et al. Scanning silence: mental imagery of complex sounds[J]. Neuroimage, 2005, 26（4）: 1119-1127.

第 7 章

城市街道模拟游览和
实地游览恢复性的对比

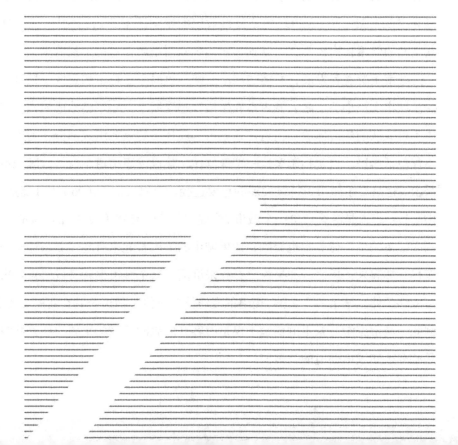

《"健康中国 2030"规划纲要》明确指出，要把健康城市作为健康中国建设的重要抓手。然而，现代社会高密度高聚集的城市环境，加之工作压力和人际关系等因素，导致公众身心健康问题日益凸显。除居住空间、工作空间外，城市公共空间不仅是居民日常接触最为频繁的区域，也是游客在城市旅游中参与城市活动、感知城市环境的重要空间。医学期刊《柳叶刀》（The Lancet）推出系列文章，探讨城市设计对公众健康的影响 [1]。城市公共空间中城市绿地的恢复性效应已得到较为系统的论证 [2, 3]，部分学者开始关注以广场和街道为代表的建成环境的健康影响或恢复性效应 [4-6]。街道占据城市 80% 的公共空间，承担着交通、生态、生活等多方面的功能。健康城市背景下，学者们探讨了城市街道的影响路径和空间要素 [7, 8]，街道环境恢复性效应的影响因素 [9-13]，并提出街道是城市公共空间的健康新途径 [14, 15]，从而显示出公众对健康街道的迫切需求。

城市旅游蓬勃发展，游客的活动空间不再局限于特定的景区（景点）之中。探访城市大街小巷、融入城市本底生活、感受城市文化，已然成为城市旅游活动中不可或缺的旅游体验。街道作为城市建成环境的重要组成部分，街道的使用者不仅包括居民，也包括游客这一特殊群体。建设健康街道不仅是健康城市的迫切需求，也是旅游城市可持续发展的重要途径。芦原义信（2006）在《街道的美学》中写道：街道是游客评价一个城市的标志 [16]。简·雅各布斯（Jane Jacobs）在《美国大城市的生与死》中也提到，如果城市的街道看起来有趣，那么这座城市也会变得有趣起来；反之，如果街道看起来沉闷，这个城市也就显得枯燥乏味 [17]。街道能够延伸至城市各个角落，街道的漫游体验价值是城市公共空间的重要资产 [14]。因此，城市旅游背景下的街道不仅是游客开展旅游活动的重要线性公共空间，更是游客感知城市环境的一扇窗户。

　　旅游是现代社会中人们释放压力、缓解疲劳的重要途径之一。旅游活动中的游客通过与陌生环境取得暂时性的联系，从而改变其心理水平并调整心理结构的过程就是旅游体验[18]。旅游体验一直是旅游学研究的核心议题，被认为是旅游的本质。学者们主要从情感[19-21]、真实性[22]等不同维度探究旅游体验。也有研究表明，恢复性是旅游体验的维度之一，即使周末短期出行也可以帮助人们缓解压力，长途旅行则可以提供更多的恢复性体验机会[23]。恢复性逐渐成为旅游体验研究的热点问题，不仅拓宽旅游体验的研究内涵，还能彰显旅游学的社会价值。

　　与此同时，数字信息时代的到来促使以流动性为基本特征的旅游活动逐渐突破了时间和空间的限制。直播、短视频、VR 等技术使得虚拟旅游成为行业热潮。新冠疫情期间，部分学者从恢复性角度论证了旅游体验影响人们心理健康的机制，即在出行受限的情况下，虚拟游览体验能够有效缓解居家人群的压力和消极情绪[24, 25]。但是模拟游览和实地游览是否具有同样的恢复性效应，还有待进一步探索。

　　恢复性在旅游研究中尚处于初步探索阶段，关于游客旅游恢复性的测度主要基于环境心理学的感知恢复性量表[26]，或旅游学者在旅游情境中所开发和验证的目的地环境恢复性环境感知量表[27-29]，较少将心理学中更为客观标准的生理测量指标应用于游客旅游恢复性研究，也很少从情感、压力等其他心理维度去表征游客旅游恢复性。以审美和愉悦为目的的旅游活动，无论是模拟游览还是实地游览，都是游客体验非惯常环境一种情境方式，但模拟游览和实地游览中游客旅游恢复性的互动关系尚待探索。本研究基于环境心理学的"恢复性"概念及其相关理论和研究方法，在模拟游览和实地游览两种实验情境中，通过生理和心理多维测度游客旅游恢复性，能够为城市街道游览体验研究探索新的思路和方式。

　　基于环境心理学的恢复性环境理论及旅游学的旅游情境理论，引入皮肤电、肌电和脉搏等多维生理指标测度游客生理恢复性效应，引入情感、压力等心理指标测度游客心理恢复性效应。本研究旨在探究非惯常环境下的游客群体在城市街道场景中模拟游览和实地游览的恢复性体验，致力于实现以下两个方面的研究目的：从恢复性视角探究模拟游览和实地游览的互动关系；对比不同类型城市街道游览体验的恢复性效应。

7.1 研究内容与实验设计

7.1.1 研究内容

相比于日常生活环境，旅游环境对于游客而言具有显著的恢复性效应。但由于文化背景差异，城市旅游环境比乡村旅游环境能带来更显著的恢复性效应[28-30]。城市街道作为城市旅游中游客感知城市环境的微观尺度，能否带来显著的恢复性效应？在不同情境下模拟游览和实地游览有何差异？不同类型城市街道恢复性效应有何差异？影响因素是什么？这些是本实验试图解决的问题。

以"恢复性"为研究视角，结合环境心理学的恢复性环境理论和旅游学的旅游情境理论，以城市街道游览体验和恢复性的关系为出发点，以模拟和实地两种游览方式为实验情境，以西安典型城市旅游街道为案例地，通过现场情境实验设计，采用生理和心理多维测量方式，探究城市街道模拟游览和实地游览中的游客旅游恢复性。具体的研究内容如下：①在模拟游览和实地游览中验证城市街道游览体验的恢复性效应。借助实验设计中的基线环节（T0）、压力诱发实验（T1）和恢复体验实验（T2），基于心理指标进行前后测量，基于生理指标进行瞬时测量，通过组内比较模拟游览和实地游览中的游客在不同实验阶段的心理生理恢复差异。②对比模拟游览和实地游览中不同类型城市街道和游客旅游恢复性的关系。游客心理恢复主要从情感、压力和环境感知三个方面测度，游客生理恢复主要从皮肤电导水平（SCL）、肌电（EMG）和脉搏波（PPG）变化三个方面测度。针对6个实验组，通过组间比较模拟游览和实地游览中不同类型街道上的游客旅游恢复性，并探究游览方式和街道类型在游客旅游恢复性不同表征维度上的交互效应。

7.1.2 实验设计

基于恢复性环境理论和旅游情境理论，本研究旨在探究非惯常环境下城市旅游中的游客群体在城市街道模拟游览和实地游览中的恢复性效应。西安市作为典型的城市旅游目的地，城市街道类型复杂多样。但既往研究已经表明，建筑、自然环境和机动交通是影响街道步行游览体验的重要因素[32]。因此，本研究以西安市游客较为聚集，且主要突出某一类景观特征的城市街道为案例地，如以历史建筑为主的书院门（历史街道）、以机动交通聚集为主的小寨（商业街道）、以纯步行的自然环境为主的曲江（公园街道）。通过实地调研确定游览区域，并录制模拟游览视频。

实验采用 3（历史街道、公园街道、商业街道）×2（模拟、实地）×3（T0、T1、T2）的三因素混合实验设计。因素 1 为街道类型，包括历史街道组、公园街道组、商业街道组，为被试间变量；因素 2 为游览方式，包括模拟游览组和实地游览组，为被试间变量；因素 3 为时间，包括基线阶段 T0、压力诱发阶段 T1 和恢复体验阶段 T2，为被试内变量。通过设计现场情境实验，采用随机方式，在案例地招募游客参与实地游览实验，在旅游景区招募游客参与模拟游览实验。实验过程中基于心理测量的情感、压力和感知恢复性自评数据以衡量心理恢复性效应，基于生理测量的皮肤电、肌电、脉搏数据以衡量生理恢复性效应，在恢复体验阶段 T2 结束时收集街道景观感知特征数据，以进一步分析影响游客旅游恢复性的相关因素。

1. 实验素材

本研究的实验素材确定过程主要包括实地游览街道路线选择、模拟游览街道视频录制和压力诱发任务选择三部分。

首先，选择实地游览街道路线。于静（2015）的研究表明，西安市钟鼓楼、小寨和曲江区域是游客聚集度较高、情感类型较丰富的典型区域，因此在每个区域选取一条典型街道作为街道刺激材料[33]。钟鼓楼区域的书院门是以历史文化和建筑为主的历史街道，曲江区域的曲江池是以自然风景为主的公园街道，小寨是以现代商业为主的商业街道。由研究者及 2 名旅游管理专业研究生前往 3 条街道实地考察，确定出本实验的游览路段。

其次，录制模拟游览视频。采用 DJL Osmo3 手持云台录制 3 条街道的视频，以行人视角在街道上缓慢前行，同时避免左右摇摆产生的眩晕感，并保留实时音频。Ulrich 等（1991）研究表明，自然景观和城市景观对个体的生理恢复是迅速的，一般在 4 分钟以内[34]。因此，本实验视频录制时长和实地游览时长保持一致，均为 4~5 分钟。视频录制时间选为 9：00~11：00 或 16：00~19：00 这两个时间段，并记录实时的温度、湿度、气压等物理环境，以保证实验素材不受此类因素的干扰。3 条街道视频截图见图 7-1。

（a）商业街道（小寨）　　　　（b）公园街道（曲江）　　　　（c）历史街道（书院门）

图 7-1　城市街道模拟游览视频截图

最后，选择压力诱发任务。环境心理学的恢复性实验中，通常需要被试处于一定的压力状态，再控制变量实施刺激以达到研究目的[45]。研究表明，以审美和愉悦为目的的游客在旅游活动中通常以积极情感为主[32]。因此，为确保游客旅游恢复性存在较为明显变化，需要对参与实验的游客被试施加一定的压力刺激。心理学常用的研究范式包括材料诱发、任务诱发和情境诱发三种类型[36]。材料诱发将听觉或视觉材料（图片、音乐、视频等）作为刺激物，但被试通常只是刺激材料的接收者，并未给予反馈。如吕婷（2018）在自然景观和历史景观对女性游客情绪影响的研究中，通过观看《黑太阳 731》电影片段诱发出被试的消极情绪[37]。任务诱发要求被试完成任务量大、难度高的认知任务来诱发焦虑和压力等情绪，被试不再只是简单的接收者，而是需要进行反馈，且对反馈内容存在一定程度的评估，从而体验到焦虑和压力。Wang 等（2016）探究了人们在观看中国不同类型城市公园（作为实验组）和城市道路（作为控制组）中的压力缓解效果，在观看视频之前通过 8 分钟的英语口语模拟考试，对参与者进行压力诱发实验[38]。李同予等（2020）在基于虚拟现实的恢复性环境实验中通过数字推理测试题，限时 5 分 18 秒，对被试进行压力输入[35]。情境诱发则让被试参与研究者提前设定好的现实情境，从而诱发出该情境下可能出现的情绪。最具代表性的是德国心理学家 Kirschbaum 等（1993）设计开发的特里尔社会应激测试（Trier Social Stress Test，TSST）[39]，该测试能够让被试产生焦虑情绪与压力知觉，但主要应用于实验室且时间较长，对被试的要求较高。可见，三种实验范式在压力诱发研究中已经得到了证实，相较于材料诱发和情境诱发，任务诱发具有被试反馈佳和难度较低的优点。因此，本实验主要采用口算任务诱发范式进行研究，即告诉被试一个三位数，要求被试在 500 毫秒内说出该数字加上 13 或减去 13 的计算结果，超时则过，共 8 组数字。为保证口算任务能给被试造成足够的压力和紧张感，口算过程中，主试人员会告诉被试的回答正确与否，并提前告知其他研究人员全程站在被试身边，关注其作答反应。

2. 预实验

为保证实验设计的科学性和实验素材的有效性，正式实验前进行了一次预实验。预实验达到以下目的：一是检验口算任务是否能够有效诱发被试压力；二是检验公园街道、历史街道和商业街道实验素材的恢复性效应；三是从半结构访谈中提取出城市街道游览体验中影响个体感受的相关因素，一方面验证了以往街道景观特征研究的合理性，另一方面为后续街道景观特征量表设计提供参考。

预实验地点为陕西省旅游信息工程重点实验室，共邀请到 15 名在校大学生参与预实验。预实验的具体流程见图 7-2。基线采集阶段 T0、压力诱发阶段 T1和恢复体验阶段 T2 均采用 5 点式 DASS 压力分量表进行压力自评；恢复体验阶段 T2 采用 5 点式 PDRQ 恢复性感知量表进行恢复性自评；恢复体验阶段 T2 结束后进行 5 分钟的半结构访谈，访谈主要围绕"此次街道模拟游览体验中，有什么让您印象深刻"这一问题展开。

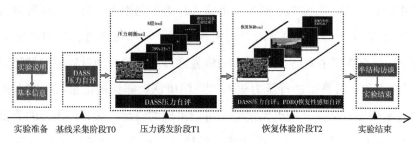

图 7-2　预实验流程

在 SPSS21.0 软件中对 T0、T1 和 T2 的压力值和恢复性感知得分值进行单因素方差分析。图 7-3（a）表明，T0、T1 和 T2 中被试的压力得分存在显著性差异（F=11.74，$p<0.001$），压力诱发阶段 > 基线采集阶段 > 恢复体验阶段（$M_{T1}=4.03>M_{T0}=2.78> M_{T2}=2.31$），说明本实验选取的压力诱发任务能够有效诱发被试压力，且街道游览在一定程度上有助于缓解被试压力。图 7-3（b）表明，恢复体验阶段 3 条街道被试的恢复性得分也存在显著性差异（F=1.81，$p<0.05$），公园街道 > 历史街道 > 商业街道（$M_{公园街道}=4.51> M_{历史街道}=3.78> M_{商业街道}=3.37$），说明本实验选取的 3 条街道对被试恢复性存在显著的组间差异，表明实验素材选取合理。

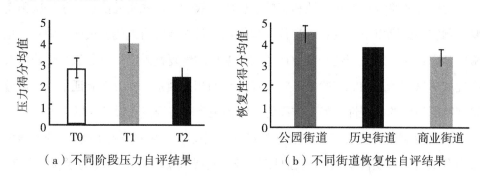

（a）不同阶段压力自评结果　　　　　（b）不同街道恢复性自评结果

图 7-3　压力和恢复性自评结果

预实验中共收集到 15 位被试的访谈文本，运用解释现象学分析法（Interpretative Phenomenological Analysis，IPA）对其进行整理分析。IPA 分析法是一种归纳的定性分析方法，既满足理解参与者"经验"的需要，又允许研究人员进行"意义建构"。首先，严格而详尽地反复阅读所收集的访谈文本，对模拟游览中让被试印象深刻的街道环境等重要性内容，以注释形式做初步的标注；其次，从初始笔记中确定并记下街道环境中个体可能关注的所有主题或短语，从而形成每个访谈文本的初始主题列表；再次，梳理、提炼和分析主题之间的关系，精简主题，构建结构化主题列表；最后，呈现分析结果，归纳提炼出城市街道环境中可能影响个体游览体验的街道景观主题要素。总结发现，城市街道中影响行人游览体验的因素主要包括"行人""路面""植被""建筑""空间""车辆""声音""颜色"。

3. 被试选取

本章采用现场情境实验设计，预计招募 120 名游客。参与现场实验的被试为 3 条街道上即将游览该街道的游客，在征得同意的前提下进行实地游览实验（3×20）。参与模拟实验的被试为没有去过 3 条街道中任意一条街道的游客，在征得同意的前提下进行模拟游览实验（3×20）。模拟游览实验在大雁塔北广场有座椅休息设施的地方进行。

4. 心理指标测量

游客旅游恢复性感知量表：关于恢复性测量的心理指标，环境心理学主要基于注意力恢复理论所开发出的 PRS 恢复性量表。Lehto（2012）则指出，旅游情境中游客旅游恢复性可能存在特异性，对旅游目的地而言，从游客角度探究恢复性的构成维度极其重要，因此 Lehto（2012）开发了旅游环境中的游客旅游恢复性环境感知量表 PDRQ[30]。该量表 PDRQ 共 6 个维度，包括兼容性、延展、心理远离、不一致、物理远离和魅力。随后，Chen（2016、2017）和 Lehto 等（2017）在中国文化背景下验证了这一量表，两项研究均证实了兼容性、延展、心理远离、物理远离和魅力 5 个维度适用于测量中国游客的环境恢复性感知，但不一致这个维度的信度和效度在两项研究存在差异 [24, 28, 29]，因此本研究主要参考 Chen（2017）的 PDRQ 量表。

心理压力测量：Loviband 等（1995）最初开发的抑郁—焦虑—压力量表（Depression Anxiety and Stress Scale，DASS）经过修改后编制为抑郁—焦虑—压力量表精简版（21–Item Depression Anxiety and Stress Scale，DASS–21）。该量表在进行负性情绪症状严重程度的自评中得到广泛应用，并且抑郁分量表、焦虑分量表和压力分量表具有良好的区分效度 [40]。基于此，Taouk 等（2001）编制了 DASS–21 中文版量表，并在澳大利亚的中国移民中和中国香港得到较高的信效度验证 [41]。随后，龚栩等（2010）在中国内地大学生群体 [42]，文艺等（2012）在中国内地成年人群体中，证实了该量表的适用性 [43]。在旅游领域中，已有学者在虚拟旅游活动中基于该量表对游客心理压力状况进行测量，并进行了旅游恢复性的实证研究 [25]。本研究主要采用 DASS–21 中文版量表中压力分量表来测度游客心理压力状况。该量表共 7 个题项，即"我觉得很难让自己安静下来""我对事情往往做出过激反应""我觉得自己消耗了很多精力""我感到忐忑不安""我感到很难放松自己""我无法容忍任何阻碍我继续工作的事情""我发觉自己很容易被触怒"。数据分析时以均值作为心理压力水平值。

5. 游客情感量表

游客情感一直是旅游背景下情感研究的核心任务之一 [43]。从情感的概念化研究视角来看，主要包括分类法和维度法 [44]，亦即情感离散理论和情感维度理论。分类法认为情感可以被分成基本的、具体的元素，如快乐、惊喜和害怕等。基于分类法，Hosany 和 Gilbert（2009）开发的目的地情感量表堪称经典，该量表认为游客情感主要由快乐（joy）、爱（love）和惊喜（positive surprise）构成 [46]。维度法则强调情感状态是微妙的、非基础的，不能被基本元素识别。基于维度法，Russell 等（1974）的 PAD 量表被广泛应用于旅游研究 [48]，其认为情感由愉悦度

（pleasure）、唤醒度（arousal）和优势度（dominance）3 个独立维度构成。愉悦度又被称为情感效价，指情感状态的积极或消极，即愉快或不愉快程度；唤醒是指从不清醒或不兴奋到清醒或兴奋的身体激活程度；优势度是指个体能否控制情绪，主动还是被动。但是 Russell 等（1980）后续的研究表明，由于优势度（dominance）需要认知加工并且这一维度的数据经常是不显著的，因此 Pleasure-Arousal 模型（愉悦—唤醒）足以解释情感的结构[48]。基于情感的 PAD 维度，Lang（1980）开发出自我评估量表（Self Assessment Manikin，SAM），即 SAM 情感量表。该量表通过图像法进行情感表达，能够克服语言文化差异并且易于操作，是目前情感自评最为常用的工具[49]。本研究采用 SAM 情感量表的愉悦度和唤醒度作为游客情感自我评估工具，题项的模型示意见图 7-4。

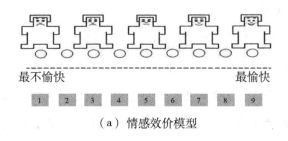

（a）情感效价模型

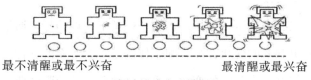

（b）情感唤醒模型

图 7-4　SAM 情感量表

6. 街道景观感知特征测量

任何景观客体都是由多种景观特征组成的[50]，作为独立的个体，人们对景观特征的感知结果也是显著不同的。参考 Zhao 等（2020）在城市街道景观特征与感知恢复性的关系研究中所构建的城市街道景观特征评价指标[11]，并基于预实验中的访谈文本，确定本研究的城市街道景观感知特征指标——植被数量、建筑特色、行人数量、街道设施、色彩类型、机动／非机动交通数量、元素和谐度、路面整洁度和声音品质9个方面。游客在实地游览或模拟游览城市街道后对街道9类景观感知特征进行评分。评分均采用5级式SD量表，共包括9组形容词：第1组，反映街道植被丰富程度，稀疏的—茂密的；第2组，反映街道两侧建筑特色，现代的—历史的；第3组，反映街道的行人数量，稀少的—拥挤的；第4组反映街道设施状况，稀缺的—完善的；第5组，反映街道整体色彩类型，单调的—丰富的；第6组，反映街道上机动／非机动车辆状况，少的—多的；第7组，反映街道整体元素的和谐度，不和谐的—和谐的；第8组，反映街道路面的整洁度，凌乱的—整洁的；第9组，反映街道上整体声音品质，乏味的—生动的。

7. 生理指标测量

自我报告方式应用虽广，但存在不可避免的认知偏差。随着现代科学技术的进步，生理测量方法已被证实是一种更加客观、能够即时追踪个体内部心理活动的测量方式。混合方法、多源数据、交叉学科，已经成为旅游研究的发展趋势，因此本研究结合心理学的生理测量方式和传统的自我报告方式展开研究，以期多维测度游客旅游恢复性。

皮电信号：皮肤电（EDA）是人体的一种基本生理信号，通过测量皮肤汗腺变化引起的皮肤电导率的变化，来反映个体的自主神经系统活性。由于汗液中的盐离子导电程度较高，皮肤电的变化主要由汗腺分泌汗液强弱所决定，汗液分泌旺盛，则电导值高，反之则低。皮肤电被广泛用来探查人类生理心理活动过程，同时也是评价人的意向活动、唤醒水平和情绪反应等的一种指标[51]。皮肤电信号的生理过程相关特征主要由两部分组成：一是缓慢变化的基础（tonic）活动——皮肤电导水平（Skin Conductance Level，SCL）；二是快速变化的相位（phasic）活动——皮肤电导反应（Skin Conductance Response，SCR）。许多实验已经证明SCL和SCR可作为情感唤醒指标，但不能判断其效价，即不能识别出情感状态是积极的还是消极的[52]。现场实验研究倾向于使用 SCL 而不是 SCR 作为皮肤电的度量指标，因为现场实验通常不能明确地控制刺激，这就导致特异性（刺激相关）反应和非特异性反应变得很复杂[53]。在旅游领域中，Shoval 等（2018）结合 GPS 定位和皮电传感器测度了城市旅游中游客情感唤醒度的空间变化，以 Z-SCL（SCL 的标准化）来测量情感的唤醒度[53]。因此，本研究主要通过皮肤电导的 SCL 变化来测度游客生理层面的情感唤醒水平。

肌电信号：肌电（EMG）是神经肌肉系统活动时产生电位差，通过电极引导在皮肤表面采集记录下来的生物电信号。肌肉紧张程度是人体瞬时心理状况的客观反映，肌电值越低，表明身体越放松、心理越愉悦，从而使免疫系统更好工作，对身体健康有积极作用[54]。肌电测量通常包括侵入式和非侵入式测量，表面肌电信号作为非侵入式测量手段，应用性高。Bolls 等（2001）研究表明，当人们接触媒体刺激时，面部肌电图最能反映人们的心理特征，EMG 是评估情感的有效方式[55]。但张乐凯（2018）指出获取肌电信号的电极片贴在脸上容易分析被试的注意力，操作性不强[56]。已有学者采用手臂肌电信号作为测度被试放松状态的生理指标[54]。基于肌电信号计算肌电反应的数据指标，如振幅（AEMG）、均方根（RMS）、积分肌电（iEMG）、中值频率（MF）等，能够进一步评估个体的神经与肌肉功能状态。如 Li（2016）将面部 AEMG 值作为观看旅游广告过程中游客愉悦程度的生理测量指标。本研究在真实旅游情境下展开实验，主要收集参与实验游客的手臂肌电信号，在数据分析过程中计算 AEMG、RMS、iEMG 值，以测度游客生理层面的愉悦放松水平。

脉搏波信号：光电容积脉搏波（Photo Plethysmo Graphy，PPG）是基于人体活性组织和全血对红外线和近红外线的不同穿透性，通过实时描记人体的指端或耳垂、鼻端、前额等的光学变化信号，以获取外周血管的血液容量随心脏搏动而产生的变化[57]。光电容积描记仪和心电描记仪是目前测量心血管反应的主要仪器，两种方式均可测得不同压力状态下的心血管反应变化，心血管反应变化又能客观、量化、实时地反映个体心理压力的变化[58]。因此，当个体出现情绪紧张或心理压力状况时，会造成手指末端血液循环量变化及心跳改变。本研究采用PPG100C放大器采集手指脉搏信号，AcqKnowledge软件分析手册表明脉率的变化能够反映心率状况，因此本研究主要通过Rate（BPM）计算脉率P，以测度游客生理层面的压力水平。

8. 生理实验设备

Biopac MP160是国际上心理学实验中广泛应用于生理心理测量的专业设备，是基于计算机的生理信号采集系统，具有良好的抗干扰能力，携带方便，可以在室外运动环境下进行多种信号的测量。Biopac MP160系列生理信号放大器模块是单通道、差分输入、具有可调节的增益补偿线性放大器模块，这些模块用于放大从电极或传感器采集的较小的电压信号，进行转换输出。此外，除了放大信号外，Biopac MP160系列模块还可以通过蓝牙与实验平台连接，在对应的AcqKnowledge软件中完成数据的同步采集、传输和分析。

常用的生理信号放大器模块包括脑电放大器模块（EEG100C）、心电放大器模块（ECG100C）、眼电放大器模块（EOG100C）、肌电放大器模块（EMG100C）、皮电放大器模块（GSR100C）、光电容积脉搏放大器模块（PPG100C）、皮温放大器模块（SKT100C）和呼吸放大器模块（RSP100C）。

本研究使用PPGED-R和EMG2-R两个模块，并按照Biopac MP160指导手册采集数据：PPGED-R模块包括EDA和PPG两个传感器，皮电传感器的两个电极分别夹在被试非惯用手的食指和中指肚的电极片上［见图7-5（a）］，脉搏传感器只有一个脉搏夹，将其捆绑在被试另一只手的食指上即可［见图7-5（b）］；EMG2-R模块包括两个EMG传感器，本实验只采集被试非惯用手一只手臂的肌电数据，肌电传感器的正负电极分别夹在手臂处肌肉块两端的电极片上，两电极的距离均相等，参考接地电极夹在非肌肉处的电极片上［见图7-5（c）］。实验过程中，要求被试不要大幅度移动手臂。

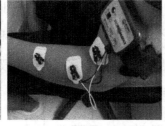

（a）皮电设备佩戴示例　　　（b）肌电设备佩戴示例　　　（c）脉搏设备佩戴示例

图 7-5　实验设备佩戴方式

　　本实验采用 Biopac MP160 多导生理仪采集 EDA 信号、EMG 信号和 PPG 信号，表面电极使用一次性电极，型号为 EL507。实验过程中采集多通道电生理信号，采样频率保持默认设置 2000Hz，后续分析过程中针对不同电生理信号进行重新采样处理。

7.1.3　实验操作流程

　　本研究的实验分为实地游览实验和模拟游览实验。实地游览实验在指定路线上完成，实验全程采用一台笔记本电脑收集游客实时生理信号数据。实验过程由一名主试和三名实验助手完成。主试负责向游客进行实验说明、施加口算任务和发放电子问卷，一名实验助手负责控制电脑以采集生理数据，一名实验助手负责协助游客佩戴和取下生理传感器，一名实验助手负责携带 Biopac MP160 多导生理设备并在恢复体验阶段 T2 与游客保持 5~10 米距离，以保证生理数据能够成功采集。实地游览实验过程中，游客需按指定路线完成游览，主试及三名实验助手与游客保持 5~10 米距离，全程跟随其后。

　　模拟游览实验在西安大雁塔北广场有座椅休息设施的地方进行。模拟游览实验全程采用两台笔记本电脑，一台呈现口算任务和街道视频，另一台收集游客实时生理信号数据。实验过程同样由一名主试和三名实验助手组成。主试负责向游客进行实验说明、施加口算任务和播放街道视频及发放电子问卷，一名实验助手负责控制电脑以采集生理数据，另一名实验助手负责给游客佩戴和取下生理传感器。

正式实验的完整流程见图 7-6，包括实验准备阶段、基线采集阶段 T0、压力诱发阶段 T1、恢复体验阶段 T2 和实验结束 5 个部分。

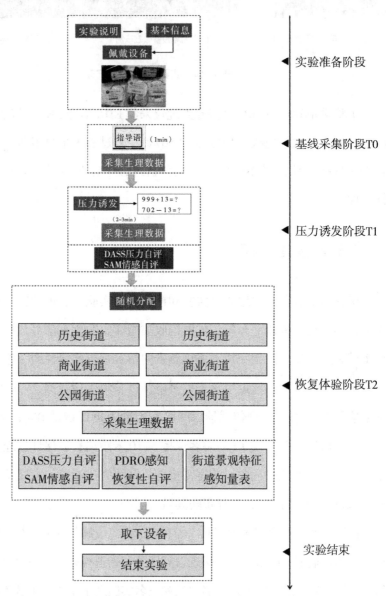

图 7-6　实验流程

1. 实验准备阶段

邀请游客参与实验，对其进行实验说明，并填写基本信息（性别、年龄、学历、旅游次数等）。填写后由实验助手给被试佩戴实验设备，并要求被试在正式实验过程中保持手臂垂直放松，不要有大幅度的动作。

2. 基线采集阶段 T0

实地游览实验由主试对游客进行介绍，模拟游览实验则通过电脑显示指导语。具体做法是让游客保持放松，休息 1 分钟，采集休息状态下的生理信号数据，为后续生理心理测量提供参考基线值。

3. 压力诱发阶段 T1

心理学的恢复性实验中，通常需要被试处于一定的压力状态，再控制变量实施刺激以达到研究目的。休闲和放松是游客参与旅游活动的基本需求，旅游活动中游客情感以积极情感为主。因此，为确保游客旅游恢复性效应存在显著变化，本实验首先对参与实验的游客施加压力。采用口算任务诱发范式对游客施加压力，即告诉游客一个三位数（共 9 个），要求在 500 毫秒内说出这个三位数加上 13 或减去 13 的计算结果，超时则过，并告诉其正确与否，随后计算下一个数字。口算任务过程中，所有研究人员全程关注游客反应，并实时采集游客生理信号数据。口算任务结束后，暂停采集生理数据，随后填写压力、情感自评。

4. 恢复体验阶段 T2

恢复体验阶段包括街道实地游览体验和街道模拟游览体验两种游览方式，其中街道又分为历史街道、商业街道和公园街道。因此，为避免实验过程的顺序效应，每一位游客只需参与一组实验，即公园街道模拟游览、公园街道实地游览、历史街道模拟游览、历史街道实地游览、商业街道模拟游览、商业街道实地游览 6 组实验中的一组。实地游览：游客按照指定路线进行实地游览 3~4 分钟。模拟游览：佩戴降噪耳机，观看视频模拟游览 3~4 分钟；街道游览过程中，实时采集游客生理信号数据；街道游览结束后，暂停采集生理数据，随后邀请游客填写情感、压力、感知恢复性和景观特征感知 4 个量表。

5. 实验结束

实验结束后，研究人员协助游客取下设备。

7.1.4 数据采集及预处理

实地游览实验和模拟游览实验交叉进行，实地游览实验主要在每天的 9：00~11：00 和 16：00~19：00 这两个时间段进行，尽量保证实地游览实验和模拟游览实验的物理环境基本一致：均为晴天，气温 22~28℃，湿度 25%~30%，气压 1023 百帕左右。环境差异太大时暂停实验，气候条件适合时再进行实验。最终招募到 112 名游客参与，其中参与实地游览的共 62 名游客，包括实地游览公园街道 16 名、商业街道 19 名、历史街道 27 名；参与模拟游览的共 50 名游客，包括模拟游览公园街道 17 名、商业街道 14 名、历史街道 19 名。

1. 问卷数据描述性统计

虽然游客招募阶段难度较大，但游客参与的认真程度很高，112 名游客共回收有效问卷 112 份，问卷有效率 100%。

（1）性别统计。实地游览实验中，男性 32 人，女性 30 人，分别占总人数的 51.6% 和 48.4%；模拟游览实验中，男性 22 人，女性 28 人，分别占总人数的 44% 和 56%。总体而言，两项实验中的性别比例差异不大。

（2）年龄统计。本实验主要分 6 个年龄段进行统计：18 岁及以下、19~25 岁、26~30 岁、31~40 岁、41~59 岁和 60 岁及以上。参与本实验的游客年龄在各个区间均有分布，说明游客样本年龄范围涉及较广。此外，统计表明，两项实验中，

18~25 岁的游客占比均最多，分别为 62.90%（实地）和 70.00%（模拟），其他年龄段的占比均在 20% 以下。

（3）地域统计。实地游览实验中的游客来自北京、甘肃、贵州、河南、湖南、江苏、宁夏、青海、山东、山西、陕西、上海、四川、浙江 14 个省份，模拟游览实验中的游客来自河南、黑龙江、湖北、吉林、江苏、宁夏、山东、山西、陕西、上海、四川、天津、重庆 13 个不同省份，这说明本实验招募的游客地域分布较为广泛。其中，实地游览实验中 62.90% 的游客来自陕西省内，其次是河南（9.68%）和山西（4.84%），而模拟实验中 60.00% 的游客来自陕西省内，其次是江苏（8.00%）和河南（6.00%）。

（4）旅游活动频率分析。在问卷中设置"请问您是第几次来此地旅游？"一题，调查游客游览该街道的频率。将本实验的游客分为 4 个游览频率段进行统计：第 1 次、第 2~5 次、第 6~9 次和第 10 次及以上。分析发现，实地游览实验中第 1 次来该街道游览的游客占总人数的 22.6%，而大部分游客来该街道游览的次数为 2~5 次，占总人数的 46.8%；模拟游览实验中 42.00% 的游客是第 1 次游览该街道，40.00% 的游客是第 2~5 次游览该街道。这说明本实验招募的游客游览该街道的频率均处于较低水平，在一定程度上反映出旅游环境"非惯常"的特点。

2. 问卷信度分析

针对压力诱发阶段 T1 和恢复体验阶段 T2，通过 DASS 压力量表、PDRQ 感知恢复性量表和街道景观特征感知量表收集到的问卷数据，进行信度分析，以保证后续数据分析的可靠性。在 SPSS22.0 软件中通过 Cronbach's α 系数来检验量表的内在一致性，Cronbach's α 系数值越高，表明量表的内在一致性越好，当 Cronbach's α 系数大于 0.7，则表明量表是可靠的。

压力诱发阶段 T1 和恢复体验阶段 T2 压力、感知恢复性和街道景观特征感知各分量表的内部一致性系数为 0.536~0.933。根据 Nunally（1978）的建议，

Cronbach's α 系数为 0.5~0.7 时表明数据可信，0.7~0.9 时表明数据很可信 [59]，说明本研究中各分量表的数据都达到了信度要求。实地游览和模拟游览中总量表的内部一致性系数分别为 0.881 和 0.873，均大于 0.7，说明本研究问卷数据整体可信度较高，数据可用。

本研究中的 SAM 情感量表仅包括 2 个题项。已有研究表明，针对 SAM 量表的信度分析，主要通过对 SAM 量表得分和 Mehrabian–Russell 的 PAD 量表得分进行相关分析来验证其信度 [60]，已有多位学者证实 SAM 量表的可靠性及有效性，因此本研究不再对 SAM 量表进行信度分析。

3. 生理数据预处理

通过 Biopac MP160 多导生理仪采集生理信号数据，在 AcqKnowledge15 软件中进行数据离线处理。本实验主要建立在压力测试和游览事件基础上，因此对每个被试的生理信号数据依据实验流程进行分段采集，以获取每种事件影响下游客对应的生理信号变化数据。此外，人体因为情绪变化而产生的生理信号变化唤醒事件一般为 1~6 秒，因此采集每段生理信号数据通常从事件发生前 2 秒开始，到事件发生后 8 秒结束 [61]。图 7-7 为公园街道实地游览中 A 游客皮电（EDA）、肌电（EMG）和脉搏（PPG）信号的基本特征。

（1）生理信号预处理

生理信号是不稳定的随机信号，实地游览实验中生理信号的采集存在更多不确定性，更容易受到高频噪声、快速瞬变干扰、电极运动、仪器本身噪声、空间射频干扰等因素的影响。参考心理学中的处理方式，在数据分析之前，对采集的原始生理信号进行伪迹剔除、重新采样和滤波处理。

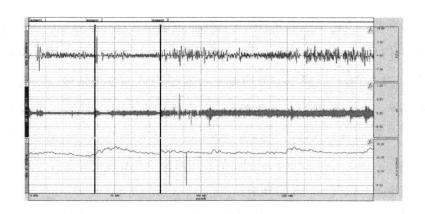

图 7-7　公园街道实地游览中 A 游客的生理电信号输出（AcqKnowledge 软件导出）

伪迹剔除：针对实验数据采集过程中出汗、运动等生理动作导致的伪迹数据，通过生理信号输出界面即可直观地识别伪迹波形波幅。参考 AcqKnowledge 数据分析手册，当数据中出现这类伪迹，可删除该段数据，保留其他稳定数据即可。如果伪迹数据过多，大量覆盖实验任务段数据，应考虑舍弃该样本。例如，图 7-8 中恢复体验阶段 A 游客的皮电信号突然上升或下降，通常是由于实地游览过程中的运动干扰造成，即电极不牢固导致电极位移，从而引起电极与皮肤的接触面积变化。针对每一个被试生理数据中出现的伪迹数据，需要进行手动处理。

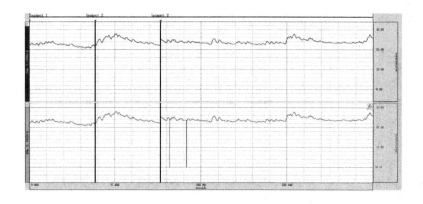

图 7-8　A 游客皮电数据伪迹剔除图示（上：EDA 伪迹剔除后；下：EDA 伪迹剔除前）

重新采样：皮电、肌电和脉搏等人体生理信号变化有其固定的信号特征。人体皮电信号的有效频率为 0.02Hz~0.2Hz，大多生理信号和机械噪声的频段都远远超过 0.2Hz；而肌电信号则是一种非平稳性的生理信号，峰值范围为 0mV~10mV，有效频率为 0Hz~500Hz，主要集中在 50Hz~150Hz；脉搏信号则比较弱，一般而言，人体的脉搏信号频率为 0.05Hz~40Hz，99% 的能量分布为 0Hz~10Hz[56]。因此，在 AcqKnowledge 软件中对皮电和脉搏信号进行 50Hz 重新采样，对肌电信号进行 500Hz 重新采样。

滤波处理：心理学中通常使用的生理信号去噪方式是小波变换（Wavelet Transform，WT）。它提供了一个状态可变但面积固定的窗口来适应时域和频域两个域内的信号分析和处理，发展和继承了短时傅里叶变换局部化的思想，并且具有较强的自适应能力，能够让原本微弱的信号数据的高频部分更加明显，便于信号的识别和处理[61]。综合 AcqKnowledge 分析手册和相关文献的处理方式，对重新采样处理后的生理信号进行如下滤波处理：针对皮电信号，采用 FIR（Finite Impulse Response）滤波器的 Bandpass 滤波，对其进行 0.02Hz~0.3Hz 带宽设置；针对肌电信号，首先进行 50Hz 的 Com Band Stop 树状滤波处理，消除工频干扰，随后通过 IIR 数字滤波器的 Bandpass 滤波进行 10Hz~500Hz 带通滤波处理；针对脉搏信号，通过 Bandpass 滤波，进行 0.02Hz~50Hz 的通带设置。图 7-9 为 A 游客 EMG 重新采样后经过带通滤波器（10Hz~150Hz）处理的生理信号数据。

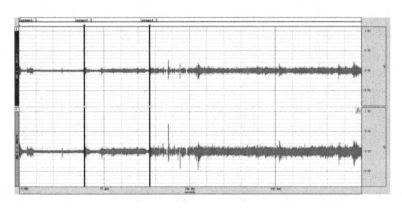

图 7-9　A 游客 EMG 数据带通滤波（上：滤波处理前；下：滤波处理后）

（2）生理信号特征提取

通过传感器采集原始的生理信号数据，在经过数据预处理后形成干净的信号，以便进一步分析使用。生理信号特征分为时域特征、频域特征和生理过程相关特征，时域特征比较直观，可以直接从波形图中判断，但频域信息往往需要经过傅里叶变换得到。基于文献可知：皮电信号的时域特征通常包括均值（mean）、中值（median）、标准差（std）等，频域特征通常包括均值（Fmean、VLFmean、LFmean、HFmean）、中值（Fmedian、VLFmedian、LFmedian、HFmedian）、标准差（Fstd、VLFstd、LFstd、HFstd）等，生理过程相关特征主要包括皮肤电导水平（SCL）和皮肤电导反应（SCR）；肌电信号的时域特征通常包括幅度值（AEMG）、积分肌电（IEMG）、均方根（RMS）等，频域特征通常包括平均功率频率（MPF）和中位频率（MF）；脉搏信号时域特征通常包括均值（BPmean、BRmean、BTmean）、中值（BPmedian、BRmedian、BTmedian）、标准差（BPstd、BRstd、BTstd）等，频域特征通常包括均值（Fmean、VLFmean、LFmean、HFmean）、中值（Fmedian、VLFmedian、LFmedian、HFmedian）、标准差（Fstd、VLFstd、LFstd、HFstd）等。参考数据分析手册，本研究在 AcqKnowledge 软件中对预处理后的生理信号数据进行如下处理。

EDA 信号处理：鉴于已有研究通过 SCL 值来表征游客生理唤醒水平，因此本研究主要计算 SCL 值。对 EDA 信号进行 Event-Related EDA Analysis 处理，采用 Smoothing Baseline Removal 构建 Phasis EDA 信号通道，在 Phasis EDA 信号通道中通过计算 P–P 得到 SCL 值。

EMG 信号处理：从时域变化来看，本实验中所采集的大部分游客的 EMG 信号变化幅度不大。因此，本研究在 AcqKnowledge 软件中对 EMG 信号提取了多个时域、频域特征。进行 Derive Root Mean Square EMG 处理，宽度设置为每隔 0.01 秒处理一次，生成新通道 RMS EMG（CH），得到 RMS 值；进行 Derive Integrated EMG 处理，宽度设置为每隔 0.01 秒处理一次，生成新通道 Integrated EMG（CH），得到 IEMG 值；对 EMG 信号进行 EMG Frequency and Power Analysis 处理，宽度设置为每隔 1 秒输出信号的频率和能功率，得到 MF 值和 MPF 值。

PPG 信号处理：针对预处理后的脉搏信号，在 Analysis 菜单下的 Find Rate 选项中，通过 Functi Function 选择 Rate（BPM），生成新通道 Rate（BPM），从而计算出脉率 P 值。

统计皮电、肌电和脉搏生理信号特征结果发现，模拟游览中 1 名游客的 SCL 值在基线测量阶段 T0 和恢复体验阶段 T2 均为 0，而实地游览中 11 名游客的 SCL 值和 PPG 值也存在部分数据为 0 的情况（主要是恢复体验阶段 T2），这可能和游客个体差异，或者是实地游览实验中行走等运动因素有关。因此，删除 12 名游客的皮电和脉搏数据，最终保留 100 名游客的生理信号数据，其中模拟游览 49 名，实地游览 51 名。对于肌电数据，EMG 时域特征和频域特征分析表明，模拟游览和实地游览中，分别有 37 名游客和 38 名游客的 RMS 值、IEMG 值、MF 值和 MPF 值存在 0 的情况（主要是基线测量阶段 T0 和恢复体验阶段 T2），这可能和实验中肌电采集位置或者实验刺激、个人因素等有关。考虑到肌电信号特征结果为 0 的样本过多（占总数的 73.5%），同时生理实验数据的收集既耗时又复杂，而小样本在心理生理实验中较为常见 [55]。因此，本研究暂不分析肌电信号数据，重点分析基于皮肤电导信号所提取出的 SCL 值和基于脉搏波信号所提取出的 PPG 值。

注意力恢复理论以个体的定向注意恢复程度为指标，多从认知层面对环境的恢复性效应进行评估，而压力缓解理论以个体的情绪状态和生理水平的恢复为指标，指标较为客观、敏感 [62, 63]。因此，本章从心理和生理两个层面探究城市街道模拟游览和实地游览带来的恢复性效应，并进一步分析不同类型街道上游客旅游恢复性的差异。其中，心理层面包括情感恢复（愉悦度、唤醒度）、压力缓解和感知恢复，生理层面包括 SCL 变化（反映唤醒水平）、PPG 变化（反映压力状况）。

7.2 基于心理指标的游客旅游恢复性分析

7.2.1 游客情感恢复分析

1. 组内比较：街道游览体验对愉悦度和唤醒度的影响

对 6 组样本数据进行正态性检验以确保满足 t 检验条件。选择适用于小样本数据的 Shapiro–Wilk 检验，p 值大于 0.05，说明数据呈正态分布，后续采用两配对样本 t 检验；p 值小于 0.05，说明数据不符合正态分布，需要采用两配对样本 Wilcoxon 符号秩检验（后文相同）。

正态性检验表明，6 组样本数据均符合正态分布。城市街道模拟游览和实地游览中，游客唤醒度在压力诱发阶段 T1 和恢复体验阶段 T2 的两配对样本 t 检验结果，见图 7–10。除模拟游览的公园街道（$t=0.000$，df=16，$p=1.000>0.05$）不存在显著变化外，模拟游览的历史街道（$t=-9.808$，df=18，$p=0.000<0.001$）、模拟游览的商业街道（$t=-2.876$，df=13，$p=0.013<0.05$）、实地游览的公园街道（$t=-7.643$，df=14，$p=0.000<0.001$）、实地游览的历史街道（$t=-10.150$，df=26，$p=0.000<0.001$）和实地游览的商业街道（$t=-6.647$，df=18，$p=0.000<0.001$），游客唤醒度在 T1 和 T2 均出现积极变化，T2 唤醒度与 T1 唤醒度相比显著增加。其中，模拟游览历史街道时游客唤醒度增加最多，M_{T2-T1} 为 2.8947，实地游览公园街道时游客唤醒度增加最多，M_{T2-T1} 为 2.9334。综上，无论是模拟还是实地，城市街道游览体验对游客唤醒度提升具有显著影响，后文将通过方差分析进一步探究游览方式和街道类型对游客情感恢复的影响差异。

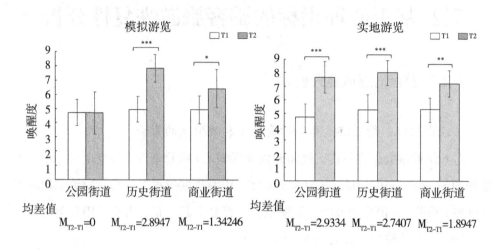

图 7-10　城市街道模拟游览和实地游览中 T1 和 T2 唤醒度比较

注：*** 表示 $p<0.001$；** 表示 $p<0.01$；* 表示 $p<0.05$。

城市街道模拟游览和实地游览中，游客愉悦度在压力诱发阶段 T1 和恢复体验阶段 T2 的两配对样本 t 检验结果见图 7-11。除模拟游览的公园街道（$t=-1.562$，df=16，$p=0.138>0.05$）不存在显著变化外，模拟游览的历史街道（$t=-2.615$，df=18，$p=0.018<0.05$）、模拟游览的商业街道（$t=-4.315$，df=13，$p=0.001<0.01$）、实地游览的公园街道（$t=-4.070$，df=15，$p=0.001<0.01$）、实地游览的历史街道（$t=-8.018$，df=26，$p=0.000<0.001$）和实地游览的商业街道（$t=-6.274$，df=18，$p=0.000<0.001$），游客愉悦度在 T1 和 T2 均出现积极变化，T2 与愉悦度与 T1 愉悦度相比显著增加。其中，模拟游览商业街道后游客愉悦度增加最多，M_{T2-T1} 为 1.8571，实地游览历史街道游客愉悦度增加最多，M_{T2-T1} 为 2.1111。可见，城市街道游览体验对游客愉悦度提升具有显著影响，后文将通过方差分析进一步探究游览方式和街道类型对游客情感恢复的影响差异。

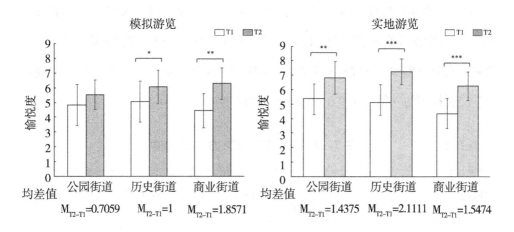

图 7-11　城市街道模拟游览和实地游览中 T1 和 T2 愉悦度比较

注：*** 表示 $p<0.001$；** 表示 $p<0.01$；* 表示 $p<0.05$。

2. 组间比较：游览方式和街道类型对游客愉悦度和唤醒度的影响

对压力诱发阶段 T1 唤醒度和愉悦度的 6 组样本数据进行单因素方差分析，唤醒度 p 值小于 0.05，表明 T1 阶段游客唤醒度存在显著差异，无法直接进行组间比较，需要控制 T1 阶段的测量值，采用单因素协方差分析；愉悦度 p 值大于 0.05，表明 T1 阶段游客愉悦度无显著差异，采用多因素方差分析。在进行协方差分析之前，将自变量街道类型和游览方式分别与协变量 T1 唤醒度进行平行性检验，结果显示 "T1 唤醒度 × 街道类型" 和 "T1 唤醒度 × 游览方式" 的交互作用在 0.05 显著性水平上均无统计学意义，数据符合协方差分析条件。

方差分析结果见表 7-1，①游客唤醒度：T1 唤醒度的 p 值大于 0.05，游览方式和街道类型的 p 值均小于 0.05，说明压力诱发阶段 T1 唤醒度对恢复体验阶段 T2 唤醒度无显著影响，但不同游览方式和不同类型街道对恢复体验阶段 T2 唤醒度有显著影响，其中游览方式的效应量达到 31.7%，街道类型的效应量达到 24.1%，"游览方式 × 街道类型" 交互作用的 p 值小于 0.05 且效应量达到

20.6%。②游客愉悦度：游览方式的 p 值小于 0.05，说明不同游览方式对恢复体验阶段 T2 愉悦度有显著影响，且效应量达到 13.7%；街道类型的 p 值大于 0.05，说明不同街道类型对恢复体验阶段 T2 愉悦度无显著影响；"游览方式 × 街道类型"交互作用的 p 值小于 0.05 且效应量达到 7.4%。

表 7-1　　　　　　　　游客 T2 愉悦度和 T2 唤醒度方差分析结果

因变量	源	III型平方和	df	均方	F值	Sig	η^2
唤醒度	游览方式	63.330	2	31.665	24.413	0.000***	0.317
	街道类型	43.357	1	43.357	33.427	0.000***	0241
	游览方式 × 街道类型	35.424	2	17.712	13.655	0.000***	0.206
	T1唤醒度	0.387	1	0.387	0.299	0.586	0.003
	误差	136.192	105	1.297			
	R^2=0.507，调整后R^2=0.479						
愉悦度	游览方式	17.626	1	17.626	16.858	0.000***	0.137
	街道类型	4.743	2	2.372	2.268	0.108	0.041
	游览方式 × 街道类型	8.822	2	4.411	4.219	0.017*	0.074
	误差	110.828	106	1.046			
	R^2=0.248，调整后R^2=0.213						

注：*** 表示 $p<0.001$，** 表示 $p<0.01$，* 表示 $p<0.05$。

图 7-12 是游客 T2 愉悦度和 T2 唤醒度的估算边际均值在游览方式和街道类型上的交互结果。可以看出，就唤醒度而言，游客在三类城市街道实地游览获得

的唤醒度体验均高于模拟游览，其中游客在商业街道实地游览获得的唤醒度体验变化最剧烈。就愉悦度而言，游客在公园街道和历史街道实地游览获得的愉悦度呈相同的变化趋势，均显著高于模拟游览。游客在公园街道实地游览获得的愉悦度体验变化最剧烈，而游客在历史街道无论是模拟游览还是实地游览，获得的愉悦度体验均高于公园街道。游客在商业街道无论是模拟游览还是实地游览，获得的愉悦度体验无显著变化。

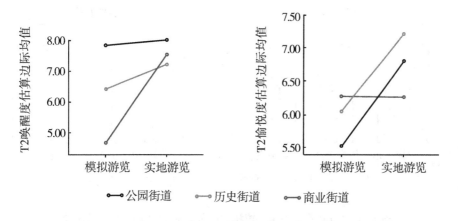

图 7-12　游客愉悦度和唤醒度在街道类型和游览方式上的交互结果

注：模型中出现的协变量在下列值处进行评估：T1 唤醒度 =5.0179。

7.2.2 游客压力缓解分析

1. 组内比较：街道游览体验对压力的影响

正态性检验表明，样本数据符合正态分布。游客在三类街道模拟游览和实地游览中的压力值在压力诱发阶段 T1 和恢复体验阶段 T2 的两配对样本 t 检验结果见图 7-13。模拟游览的公园街道（$t=4.964$，df=16，$p=0.000<0.001$）、模拟游览的历史街道（$t=5.105$，df=18，$p=0.000<0.001$）、模拟游览的商业街道（$t=6.320$，df=13，$p=0.000<0.001$）、实地游览的公园街道（$t=6.953$，df=15，$p=0.000<0.001$）、实地游览的历史街道（$t=7.114$，df=26，$p=0.000<0.001$）和实

地游览的商业街道（t=5.637，df=18，p=0.000<0.001），游客压力值在 T1 和 T2 均出现积极变化，T2 压力值与 T1 压力值相比显著降低。其中，模拟游览公园街道后游客压力值下降最多，M_{T1-T2} 为 0.7143，实地游览公园街道后游客压力值下降最多，M_{T1-T2} 为 1.0447。综上，城市街道游览体验对游客压力缓解具有显著影响，后文将通过方差分析进一步探究游览方式和街道类型对游客压力缓解的影响差异。

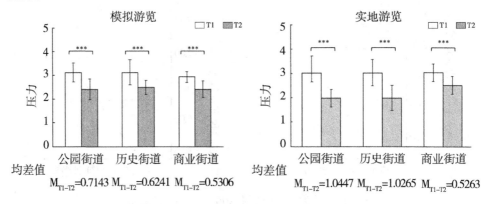

图 7-13　城市街道模拟游览和实地游览中 T1 和 T2 压力值比较

注：*** 表示 p<0.001。

2. 组间比较：游览方式和街道类型对游客压力的影响

对压力诱发阶段的 6 组样本数据进行单因素方差分析，T1 压力因素的 p 值大于 0.05，表明 T1 阶段游客压力值无显著差异，不需控制 T1 阶段压力值对 T2 阶段压力值的影响，因此采用多因素方差分析。

T2 阶段游客压力值的方差分析结果见表 7-2，游览方式和街道类型的 p 值均小于 0.05，说明不同游览方式和不同类型街道对恢复体验阶段 T2 压力值有显著影响，其中游览方式的效应量达到 5.1%，街道类型的效应量达到 7.2%；"游览方式 × 街道类型"交互作用的 p 值小于 0.05 且效应量达到 8.5%。

表 7-2　　　　　　　　　　游客 T2 压力值方差分析结果

源	III型平方和	df	均方	F值	Sig	η^2
游览方式	1.042	1	1.042	5.738	0.018[*]	0.051
街道类型	1.500	2	0.750	4.130	0.019[*]	0.072
游览方式×街道类型	1.792	2	0.896	4.935	0.009[**]	0.085
误差	19.250	106	0.182			

$R^2=0.206$，调整后$R^2=0.168$

注：** 表示 $p<0.01$，* 表示 $p<0.05$。

图 7-14 所示为游客 T2 压力值的估算边际均值在游览方式和街道类型上的交互结果。可以看出，相较于模拟游览，实地游览公园街道和历史街道后压力值均得到显著降低，且历史街道实地游览对游客压力值影响幅度更大，而商业街道实地游览后游客压力值呈上升趋势，即商业街道无论是模拟游览还是实地游览，对游客压力无缓解作用。

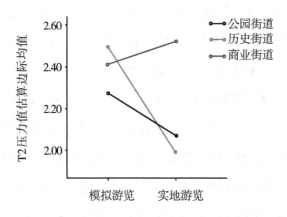

图 7-14　游客压力值在街道类型和游览方式上的交互结果

7.2.3 游客环境感知恢复分析

方差齐性检验表明，兼容性（$p=0.327$）、延展（$p=0.077$）、心理远离（$p=0.222$）、物理远离（$p=0.918$）、魅力（$p=0.860$）和感知恢复性总分（$p=0.662$）的 p 值均大于 0.05，表明各维度数据的总体方差无显著差异，满足方差分析的前提条件。

多变量多因素方差分析结果见表 7–3。①兼容性：游览方式和街道类型的 p 值均小于 0.05，说明不同游览方式和不同类型街道对游客感知兼容性有显著影响，其中游览方式的效应量达到 6.4%，街道类型的效应量达到 6.8%；"游览方式 × 街道类型"交互作用的 p 值大于 0.05，说明自变量之间不存在显著交互作用。②延展：游览方式、街道类型、"游览方式 × 街道类型"的 p 值均大于 0.05，说明不同游览方式、不同类型街道及其交互作用对游客感知程度无显著影响。③心理远离：游览方式和街道类型的 p 值均小于 0.05，说明不同游览方式和不同类型街道对游客心理远离感知有显著影响，其中游览方式的效应量达到 6.9%，街道类型的效应量达到 12.8%；"游览方式 × 街道类型"交互作用的 p 值大于 0.05，说明自变量之间不存在显著交互作用。④物理远离：游览方式的 p 值小于 0.05，说明不同游览方式对游客物理远离感知有显著影响，且游览方式的效应量达到 7.3%，街道类型、"游览方式 × 街道类型"的 p 值大于 0.05，说明街道类型和自变量交互效应不存在显著作用。⑤魅力：游览方式的 p 值小于 0.05，说明不同游览方式对游客感知魅力有显著影响，且游览方式的效应量达到 5%，街道类型、"游览方式 × 街道类型"的 p 值大于 0.05，说明街道类型和自变量交互效应不存在显著作用。⑥感知恢复性总分：游览方式和街道类型的 p 值均小于 0.05，说明不同游览方式和不同类型街道对游客感知兼容有显著影响，其中游览方式的效应量达到 5.3%，街道类型的效应量达到 6.7%；"游览方式 × 街道类型"交互作用的 p 值大于 0.05，说明自变量之间不存在显著交互作用。

表 7-3　　　　　　　　　　游客环境感知恢复性方差分析结果

因变量	源	III型平方和	df	均方	F值	Sig	η²
兼容性	游览方式	3.403	1	3.403	7.256	0.008**	0.064
	街道类型	3.628	2	1.814	3.868	0.024*	0.068
	游览方式×街道类型	0.087	2	0.044	0.093	0.911	0.002
	误差	49.711	106	0.469			
	R^2=0.120，调整后R^2=0.079						
延展	游览方式	1.112	1	1.112	1.870	0.174	0.017
	街道类型	1.066	2	0.533	0.896	0.411	0.017
	游览方式×街道类型	0.826	2	0.413	0.695	0.501	0.013
	误差	63.011	106	0.594			
	R^2=0.044，调整后R^2=-0.001						
心理远离	游览方式	5.420	1	5.420	7.858	0.006**	0.069
	街道类型	10.732	2	5.366	7.780	0.001**	0.128
	游览方式×街道类型	0.049	2	0.025	0.036	0.965	0.001
	误差	5.420	1	5.420	7.858	0.006	0.069
	R^2=0.176，调整后R^2=0.137						
物理远离	游览方式	5.983	1	5.983	8.351	0.005**	0.073
	街道类型	3.133	2	1.567	2.187	0.117	0.040

因变量	源	III型平方和	df	均方	F值	Sig	η^2
物理远离	游览方式×街道类型	1.425	2	0.713	0.995	0.373	0.018
	误差	75.944	106	0.716			
	$R^2=0.116$，调整后$R^2=0.074$						
魅力	游览方式	2.635	1	2.635	5.541	0.020*	0.050
	街道类型	2.145	2	1.072	2.255	0.110	0.041
	游览方式×街道类型	0.231	2	0.115	0.243	0.785	0.005
	误差	50.415	106	0.476			
	$R^2=0.090$，调整后$R^2=0.048$						
总分	游览方式	2.127	1	2.127	5.960	0.016*	0.053
	街道类型	2.729	2	1.365	3.824	0.025*	0.067
	游览方式×街道类型	0.061	2	0.031	0.086	0.918	0.002
	误差	37.827	106	0.357			
	$R^2=0.110$，调整后$R^2=0.068$						

注：** 表示 $p<0.01$，* 表示 $p<0.05$。

将游览方式和街道类型在游客感知恢复各维度得分及总分的效应值和显著性进行可视化比较，见图7-15。可以看出，游览方式在兼容性、心理远离、物理远离、魅力和总分5个因变量上均存在显著作用，其中游览方式对物理远离维度的影响效应最高（$M_{实地}=3.6989$，$M_{模拟}=3.2133$；$\eta^2=7.30\%$），说明模拟游览和实地游览中游客感受旅游地环境和日常生活环境的差异程度不同，即身体远离惯常环境的感知程度不同。街道类型仅在兼容性、心理远离和总分3个因变量上存在显著作用，其中街道类型对心理远离维度的影响效应最高 [$M_{实地（公园，历史，商业）}$ = （3.56，3.31，2.87），$M_{模拟（公园，历史，商业）}$ = （3.22，2.92，2.45）；η^2=12.80%]，说明不考虑游览方式，不同类型城市街道给游客营造的远离日常、摆脱琐事的心理体验也是不同的。

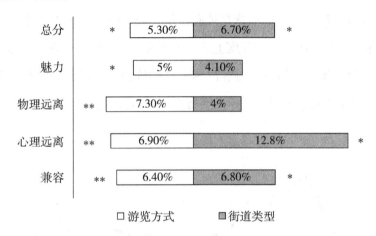

图 7-15　游览方式和街道类型在感知恢复性各维度的显著性及效应值

注：** 表示 p<0.01，* 表示 p<0.05。

7.3　基于生理指标的游客旅游恢复性分析

7.3.1　皮肤电导信号分析

1.组内比较：皮肤电导水平时域变化

皮肤电导（SCL）与唤醒水平呈线性相关，是被试唤醒水平的重要指标。较高的 SCL 值代表高水平唤醒度，但其正面和负面不能区分，需结合问卷数据加以分析。SCL 是被试对刺激的长期反应，通常持续至少 30 秒[46]。因此，以 30 秒为间隔，绘制模拟游览和实地游览中游客皮肤电导水平的时间序列变化见图 7-16。

从图 7-16（a）中可以看出，游客在压力诱发阶段 T1 的 SCL 水平达到峰值，说明压力诱发实验起到了生理唤醒作用，从 T1 压力问卷数据可以印证这种唤醒属于负面唤醒，即出现紧张和难以放松等心理状况；而恢复体验阶段 T2 的 SCL 水平整体呈现下降趋势，说明模拟游览体验一定程度上缓解了压力诱发阶段 T1 的高唤醒状态。从图 7-16（b）中可以看出，实地游览中：在压力诱发阶段（T1），商业街道上游客的 SCL 达到峰值，但恢复体验阶段（T2）游客的 SCL 水平显著下降，这说明商业街道实地游览一定程度上缓解了游客的生理压力；在恢复体验阶段（T2），公园街道和历史街道上游客的 SCL 达到峰值，这说明公园街道和历史街道实地游览可能诱发生理层面的积极唤醒水平，结合问卷数据也可以印证。

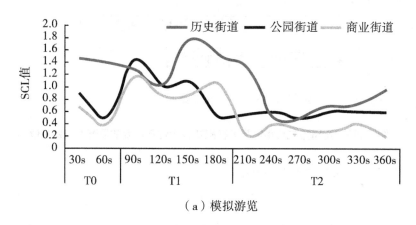

（a）模拟游览

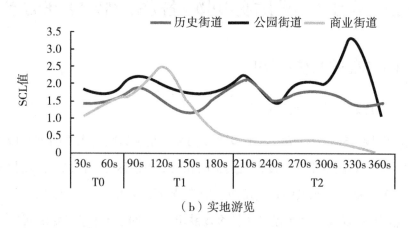

（b）实地游览

图 7-16　模拟游览和实地游览中游客皮肤电导水平（SCL）随时间变化得分

2. 组间比较：游览方式和街道类型对游客皮肤电导水平的影响

皮肤电导水平受个体因素影响较为明显，为降低实验误差，需对获取的皮电信号数据进行标准化处理。通过公式对压力诱发阶段 T1 和恢复体验阶段 T2 的 SCL 值去除个体差异化。X_{T0} 表示游客处于平静状态时的数值，X_{T2} 表示游客处于恢复体验阶段的数值，$X_{标}$ 表示去除个体差异后的数值。

$$X_{标} = \frac{X_{T2} - X_{T0}}{X_{T0}} \times 100\%$$

对压力诱发阶段 6 组游客的 SCL 标值进行单因素方差分析，$SCL_{标T1}$ 的 p 值小于 0.05，表明 T1 阶段 6 组游客的皮肤电导水平存在显著差异，无法直接进行组间比较，需要控制 T1 阶段的测量值，因此采用协方差分析。在进行协方差分析之前，将自变量街道类型和游览方式分别与协变量 $SCL_{标T1}$ 值进行平行性检验，结果显示 "$SCL_{标T1} \times$ 街道类型" 和 "$SCL_{标T1} \times$ 游览方式" 的交互作用在 0.05 显著性水平上均无统计学意义，数据符合协方差分析条件。

方差齐性检验表明，$SCL_{标T2}$ 的 p 值大于 0.05，表明样本数据的总体方差无显著差异，满足方差分析的前提条件。协方差分析结果见表 7-4，街道类型的 p 值均小于 0.05，且效应量达到 10.8%，说明不同类型城市街道对恢复体验阶段的皮肤电导水平有显著影响；SCL_{T1} 的 p 值大于 0.05，表明压力诱发阶段的 $SCL_{标}$ 值对恢复体验阶段的 $SCL_{标}$ 值无显著影响；"游览方式 $\times$ 街道类型" 交互作用的 p 值小于 0.05，且效应量达到 6.5%，说明游览方式和街道类型对游客皮肤电导水平有显著的交互作用。

表 7-4　　　　　　　　　游客 $SCL_{标T2}$ 方差分析结果

源	III型平方和	df	均方	F值	Sig	η^2
游览方式	1.897	1	1.897	1.554	0.216	0.017

续表

源	III型平方和	df	均方	F值	Sig	η^2
街道类型	13.355	2	6.678	5.469	0.006**	0.108
游览方式×街道类型	7.684	2	3.842	3.147	0.048*	0.065
$SCL_{标T1}$	1.603	1	1.603	1.313	0.255	0.014
误差	109.892	90	1.221			
$R^2=0.183$，调整后$R^2=0.129$						

注： ** 表示 $p<0.01$ ， * 表示 $p<0.05$ 。

图 7-17 是游客 $SCL_{标T2}$ 值的估算边际均值在游览方式和街道类型上的交互结果。可以看出，相较于模拟游览，实地游览公园街道和历史街道 $SCL_{标}$ 水平均得到显著提升，且公园街道实地游览对游客 $SCL_{标}$ 水平影响幅度更大，表明公园街道实地游览体验更能诱发游客的生理唤醒效应。但商业街道实地游览相较于模拟游览，游客 $SCL_{标}$ 水平略微下降，且估算边际均值均在 0 以下，即 0 反应，说明商业街道无论是模拟游览还是实地游览，并没有起到显著的生理唤醒效应。

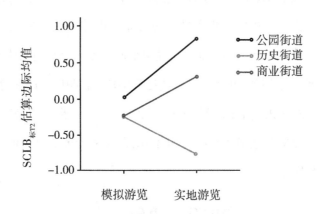

图 7-17　游客 $SCL_{标T2}$ 在街道类型和游览方式上的交互结果

注：模型中出现的协变量 [协方差分析中，考虑了协变量，在数据分析中发现 T1 阶段标准化的 SCL 值和自变量（恢复体验阶段 /T2 阶段 SCL）无显著关系，相互独立，满足协方差分析] 在下列值（指除了协变量的值，模型在这个协变量值上进行协方差分析）处进行评估：T1 标 SCL 值 =0.9167。

7.3.2 脉搏波信号分析

1.组内比较：脉搏波信号阶段变化

脉搏波信号能够反映健康人群的心率状况，即压力和紧张感，脉搏波信号值越大，表明紧张和压力感越强。从图 7-18 可以看出，在压力诱发阶段 T1，模拟游览和实地游览中游客的脉搏值均处于最高水平，而在恢复体验阶段 T2，游客的脉搏水平均得到显著下降，说明无论模拟游览还是实地游览，城市街道游览体验能够显著缓解生理层面的压力。

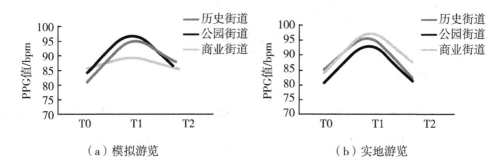

（a）模拟游览　　　　　　　　　　　（b）实地游览

图 7-18　城市街道模拟游览和实地游览中 PPG 值变化

2.组间比较：游览方式和街道类型对游客脉搏波的影响

对压力诱发阶段的 6 组样本数据进行单因素方差分析，T1 压力因素的 p 值小于 0.05，表明 T1 阶段游客压力值存在显著差异，需控制 T1 阶段 PPG 值对 T2 阶段测量值的影响，因此采用协方差分析。在进行协方差分析之前，将自变量街道类型和游览方式分别与协变量 PPG_{T1} 进行平行性检验，结果显示"$PPG_{T1} \times$ 街道类型"和"$PPG_{T1} \times$ 游览方式"的交互作用在 0.05 显著性水平上均无统计学意义，数据符合协方差分析条件。

协方差分析结果见表 7-5，PPG_{T1} 的 p 值小于 0.05，说明 T1 阶段的脉搏水平显著影响 T2 阶段的脉搏信号，且影响效应达到 8.0%；游览方式的 p 值小于 0.05，说明在剔除 PPG_{T1} 的影响效应后不同游览方式对游客 PPG_{T2} 存在显著影响，且影响效应达到 4.8%；街道类型和"游览方式 × 街道类型"的 p 值均大于 0.05，说明没有发现不同类型街道和"游览方式 × 街道类型"交互的显著作用。

表 7-5 游客 PPG$_{T2}$ 方差分析结果

源	III型平方和	df	均方	F值	Sig	η^2
游览方式	303.181	1	303.181	4.582	0.035*	0.048
街道类型	282.172	2	141.086	2.132	0.125	0.045
游览方式×街道类型	180.986	2	90.493	1.368	0.260	0.029
PPG$_{T1}$	520.906	1	520.906	7.872	0.006**	0.080
误差	5955.213	90	66.169			
R^2=0.183，调整后R^2=0.129						

注：** 表示 $p<0.01$，* 表示 $p<0.05$。

剔除 PPG$_{T1}$ 的影响效应后，游客 PPG$_{T2}$ 值的估算边际均值在游览方式和街道类型上的交互结果，从图 7-19 可以看出，游客在模拟游览三条街道中的脉搏值均处于较高水平，但游客在实地游览历史街道和公园街道中（商业街道除外）的脉搏值均大幅度下降，且实地游览历史街道对游客脉搏变化影响幅度最大。

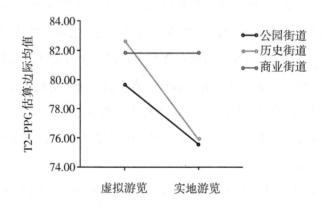

图 7-19 游客 PPG 值在街道类型和游览方式上的交互结果

注：模型中出现的协变量在下列值处进行评估：T1 标 PPG 值 =90.5469。

7.4 小结

本章旨在比较城市街道模拟游览和实地游览中的游客心理生理恢复性效应。通过组内比较，考察了 6 组游客在模拟游览和实地游览中情感恢复、压力缓解、皮肤电导水平和脉搏波水平的前后变化，通过组间比较考察了游览方式和街道类型对游客心理生理恢复的交互效应。具体的研究结果主要包括以下几点。

第一，从组内比较结果来看，无论模拟还是实地，城市街道游览体验对游客心理和生理都存在一定的恢复性效应。具体而言：基于心理指标的分析表明，历史街道、商业街道、模拟游览和实地游览对游客心理唤醒和愉悦度有显著提升作用；虽然公园街道模拟游览体验对游客心理唤醒和愉悦度没有显著影响，但其实地游览体验具有显著提升作用。此外，历史街道、商业街道、公园街道无论是模拟游览还是实地游览，均对游客心理压力具有显著缓解作用。基于生理指标的分析表明，除商业街道外，历史街道、公园街道模拟游览对游客 SCL 没有显著影响，但实地游览对游客 SCL 水平具有提升作用；同时，历史街道、商业街道、公园街道无论是模拟游览还是实地游览，均对 PPG 降低具有显著作用。

第二，从组间比较结果来看，不同类型城市街道实地游览和模拟游览中，基于生理和心理的游客旅游恢复性水平存在显著差异。就情感恢复而言：历史街道游客的心理唤醒度均处于最高水平，公园街道游客的生理唤醒度均处于最高水平，且实地游览历史街道和公园街道游客的心理、生理唤醒度以及愉悦度均高于模拟游览。这说明与商业街道相比，城市旅游中历史街道和公园街道对游客情感更具有心理生理恢复作用，且实地游览的情感恢复效果显著高于模拟游览。就压力缓解而言：历史街道和公园街道游客的心理压力和生理压力在实地游览中均大幅下降，其中历史街道变化最大，而商业街道实地游览中游客心理压力和生理压力略微上升。这说明实地游览历史街道和公园街道更具有压力缓解作用，且实地游览历史街道的压力缓解作用最显著，而实地游览商业街道甚至对游客造成一定的心

理压力。就环境感知而言：游览方式在兼容、心理远离、物理远离、魅力和总分
5 个因变量上均存在显著作用，街道类型仅在兼容、心理远离和总分 3 个因变量
上存在显著作用。这说明模拟游览和实地游览中游客感知环境恢复性存在显著差
异，且不同类型街道对游客感知恢复性维度也存在显著差异，需要进一步探讨模
拟游览和实地游览中具体有哪些因素影响游客旅游恢复性。

参考文献

[1] Stevenson Mark，Thompson Jason，Desá Thiago-Hérick，等．Land use，transport，and population health：estimating the health benefits of compact cities[J]. Lancet（London，England），2016，388（10062）：2925-2935.

[2] 干靓，杨伟光，王兰．不同健康影响路径下的城市绿地空间特征 [J]. 风景园林，2020，27（4）：95-100.

[3] Coppel G，Wüstemann H. The impact of urban green space on health in Berlin，Germany：Empirical Findings and Implications for Urban Planning[J]. Landscape and Urban Planning，2017，167：410-418.

[4] San juan César，Subiza-pérez Mikel，Vozmediano Laura. Restoration and the city：The role of public urban squares[J]. Frontiers in psychology，2017.

[5] Subiza-pérez M，Korpela K，Pasanen T. Still not that bad for the grey city：a field study on the restorative effects of built open urban places[J]. Cities，2021.

[6] Subiza-Perez M，Vozmediano L，San Juan C. Welcome to your plaza：Assessing the restorative potential of urban squares through survey and objective evaluation methods[J]. Cities，2020.

[7] 余洋，蒋雨芊，张琦瑁．城市街道健康影响路径和空间要素研究 [J]. 风景园林，2021，28（2）：55-61.

[8] Meng L，Wen K H，Brewin R，et al. Knowledge atlas on the relationship between urban street space and residents' health—A bibliometric analysis based on VOSviewer and CiteSpace[J]. Sustainability，2020，12（6）：2384.

[9] Lindal PJ，Hartig T. Architectural variation，building height，and the restorative quality of urban residential streetscapes[J]. Journal of Environmental Psychology，2013，33：26-36.

[10] Grazuleviciene R，Vencloviene J，Kubilius R，et al. Tracking restoration of park and urban street settings in coronary artery disease patients[J]. International journal of environmental research and public health，2016，13（6）：550.

[11] Zhao J, Wu J, Wang H. Characteristics of urban streets in relation to perceived restorativeness [J]. Journal of Exposure Science & Environmental Epidemiology, 2020, 30 (2): 309-319.

[12] Lindal P J, Hartig T. Effects of urban street vegetation on judgments of restoration likelihood[J]. Urban Forestry & Urban Greening, 2015, 14 (2): 200-209.

[13] 刘雪鸣. 基于摄像法的街道环境主观恢复性效益影响因素研究 [D]. 哈尔滨工业大学, 2019.

[14] 徐磊青, 胡滢之. 疗愈街道: 一种健康街道的新模型 [J]. 时代建筑, 2020, 175 (5): 33-41.

[15] 余洋, 蒋雨芊, 李磊. 城市公共空间的健康途径: 健康街道的要素与框架 [J]. 中国园林, 2021, 37 (3): 20-25.

[16] 芦原义信. 街道的美学 [M]. 天津: 百花文艺出版社, 2006: 143-144.

[17] 简·雅各布斯. 美国大城市的生与死 [M]. 江苏: 译林出版社, 1961.

[18] 谢彦君. 基础旅游学 [M]. 北京: 中国旅游出版社, 2004: 201-218.

[19] Hosany S, Martin D, Woodside A G. Emotions in tourism: theoretical designs, measurements, analytics, and interpretations: [J]. Journal of Travel Research, 2021, 60 (7): 1391-1407.

[20] Wang L, Hou Y, Chen Z. Are Rich and Diverse Emotions Beneficial? the Impact of Emodiversity on Tourists' Experiences[J]. Journal of Travel Research, 2020.

[21] Wang L, Y Hou, Chen Z. Are rich and diverse emotions beneficial? the impact of emodiversity on tourists' experiences[J]. Journal of Travel Research, 2021, 60 (5): 1085-1103.

[22] Moyle B D, Moyle C L, Bec A, et al. The next frontier in tourism emotion research[J]. Current Issues in Tourism, 2019, 22 (11-15): 1393-1399.

[23] Wang N. Rethinking authenticity in tourism experience[J]. Annals of Tourism Research, 1999, 26 (2): 349-370.

[24] Chen C, Petrick J F, Shahvali M. Tourism experiences as a stress reliever: examining the effects of tourism recovery experiences on life satisfaction[J]. Journal of Travel

Research，2016，55（2）：150–160.

[25] Yang T, Lai I K W, Fan Z B, et al. The impact of a 360° virtual tour on the reduction of psychological stress caused by Covid–19[J]. Technology in Society，2021.

[26] 成茜，李君轶.疫情居家约束下虚拟旅游体验对压力和情绪的影响 [J].旅游学刊，2020，35（7）：13–23.

[27] 郭永锐，张捷，卢韶婧等.旅游者恢复性环境感知的结构模型和感知差异 [J].旅游学刊，2014，29（2）：93–102.

[28] Chen G，Huang S，Zhang D. Understanding Chinese vacationers' perceived destination restorative qualities：cross–cultural validation of the perceived destination restorative qualities scale[J]. Journal of Travel & Tourism Marketin，2017，34（8）：1115–1127.

[29] Lehto X，Kirillova K，Li H，et al. A cross–cultural validation of the perceived destination restorative ualities scale：the chinese perspective[J]. Asia Pacific Journal of Tourism Research，2017，22（3）：329–343.

[30] Lehto X Y. Assessing the perceived restorative qualities of vacation destinations[J]. Journal of Travel Research，2012，52（3）：325–339.

[31] 朱芳，苏勤，陶云等.游客—环境互动视角下旅游者目的地环境恢复性效应 [J].热带地理，2020，40（4）：636–648.

[32] Bornioli，A. The influence of city centre environments on the a ective walking experience[D]. University of the West of England，2018.

[33] 于静.基于微博大数据的游客情感及时空变化研究 [D].陕西师范大学，2015.

[34] Ulrich R S，Simons R F，Losito B D，et al. Stress recovery during exposure to natural and urban environments[J]. Journal of Environmental Psychology，1991，11（3）：201–230.

[35] 李同予，薛滨夏，杨秀贤等.基于无线生理传感器与虚拟现实技术的复愈性环境注意力恢复作用研究 [J].中国园林，2020，36（12）：62–67.

[36] 陈旭燕.焦虑对重量感知判断的影响 [D].云南师范大学，2020.

[37] 吕婷.不同类型景观对女性游客的情绪恢复研究——基于 ERP 的实验分析 [D].

陕西师范大学，2018.

[38] Xinxin Wang Susan-Rodiek, Chengzhao Wu, Yi Chen, Yuxian Li. Stress recovery and restorative effects of viewing different urban parkscenes in Shanghai, Chin[J]. Urban Forestry & Urban Greening, 2016, 15: 112-122.

[39] Kirschbaum C, Pirke K, Hellhammer D. The "trier Social Stress Test"—a tool for investigating psychobiological stress responses in a laboratory setting[J]. Neuropsychobiology, 1993, 28（1）: 76-81.

[40] Lovibond P, Lovibond S. The structure of negative emotional states: comparison of thedepression anxiety stress scales（dass）with the Beck depression and anxiety inventories[J]. Behaviour Research and Therapy, 1995, 33（3）: 335-343.

[41] Taouk M, Lovibond P, laube R. Psychometric properties of a chinese version of the 21-item depression anxiety stress scales（DASS21）[R]. Sydney: Cumberland Hospital, 2001.

[42] 龚栩，谢熹瑶，徐蕊，等 . 抑郁—焦虑—压力量表简体中文版：在中国大学生中的测试报告 [J]. 中国临床心理学杂志，2010，18（4）：443-446.

[43] 文艺，吴大兴，吕雪靖，等 . 抑郁—焦虑—压力量表中文精简版信度及效度评价 [J]. 中国公共卫生，2012（11）：1436-1438.

[44] 刘丹萍，金程 . 旅游中的情感研究综述 [J]. 旅游科学，2015，29（2）：74-85.

[45] 马天，谢彦君 . 旅游体验中的情感与情感研究：现状与进展 [J]. 旅游导刊，2019，3（2）：82-101.

[46] Hosany S, Gilbert D. Measuring tourists' emotional experiences toward hedonic holiday destinations[J]. Journal of Travel Research, 2009, 49（4）: 513-526.

[47] Li S, Walters G, Packer J, et al. Using skin conductance and facial electromyography to measure emotional responses to tourism advertising[J]. Current Issues in Tourism, 2018, 21（15）: 1761-1783.

[48] Russell J, Pratt G. A description of the affective quality attributed to environments[J]. Journal of Personality and Social Psychology, 1980（38）: 311-322.

[49] P. Lang. Behavioral treatment and bio-behavioral assessment: Computer Applications[C], 1980.

[50] Zhao Jingwei, Wang Ronghua, Cai Yongli, et al. Effects of visual indicators on

landscape preferences[J]. Journal of Urban Planning and Development, 2013, 139（1）: 70-78.

[51] 王援朝，高姝贤 . 皮电及其应用 [J]. 中国康复，1992（1）：41-44.

[52] 陈舒永 . 心理实验纲要 [M]. 北京：北京大学出版社，1989.

[53] Shoval N, Schvimer Y, Tamir M. Tracking technologies and urban analysis: adding the emotional dimension[J]. Cities, 2018, 72: 34-42.

[54] 刘博新 . 面向中国老年人的康复景观循证设计研究 [D]. 清华大学，2015.

[55] Bolls P D, Lang A, Potter R F. The effects of message valence and listener arousal on attention, memory, and facial muscular responses to radio advertisements[J]. Communication Research, 2001, 28（5）: 627-651.

[56] 张乐凯 . 基于生理信号数据的产品设计与用户体验研究 [D]. 浙江大学，2018.

[57] Edwards S, Clow A, Evans P, et al. Exploration of the awakening cortisol response in relation to diurnal cortisol secretory activity[J]. Life Sciences, 2001, 68（18）: 2093-2103.

[58] Reyes DPGA, Langewitz W, Mulder L, et al. The utility of low frequency heart rate variability as an index of sympathetic cardiac tone: a review with emphasis on a reanalysis of previous studies[J]. Psychophysiology, 2013, 50（5）: 477-487.

[59] Nunnally J C. Psychometric theory （2nd Ed.）New York: Mcgraw-hill[J].1978.

[60] Mehrabian A, Russell JA. An approach to environmental psychology[M].An Approach to Environmental Psychology, 1974.

[61] 林文倩 . 生理信号驱动的情绪识别及交互应用研究 [D]. 浙江大学，2019.

[62] Ulrich R. Natural versus urban scenes some psychophysiological effects[J]. Environment & Behavior, 1981, 13（5）: 523-556.

[63] Kaplan R, Kaplan S. The experience of nature: a psychological perspective[M]. Cambridge University Press, 1989.

第 8 章

模拟游览和实地游览城市街道景观的恢复性影响因素分析

恢复性环境研究的目的不仅是识别出哪种环境类型具有恢复性效应，更在于识别出具有恢复潜力的景观特征[1]，从而为健康景观设计提供有价值的指导。本章旨在从街道景观特征角度探究模拟游览和实地游览城市街道中影响游客旅游恢复性的相关因素及其影响程度。首先采用客观量化和主观感知的方式探索出城市街道景观的具体特征，随后探究城市街道景观特征与游客心理生理恢复性效应的相关性，最终识别出影响游客心理生理恢复性效应的具体景观特征。

8.1 城市街道景观特征量化分析

8.1.1 城市街道景观客观特征量化

借鉴计算机视觉领域中的"图像语义"（分割）概念[2]，对城市街道景观客观特征进行识别和量化。以截取录制视频中的街道场景为基础，每隔 15 秒截取一次行人视角的街景图片，恢复体验阶段（T2）每条街道各截出 12 张图片，三条街道共截取出 36 张图片。通过 Adobe Photoshop 2021 软件自带的格网功能，用 464（16×29）个方格覆盖每张样本照片，随后以景观要素覆盖网格的占比（超过 50% 即可）为标准，通过人工识别方式对该类景观要素所在方格进行同色填充。

以景观元素的网格数与总网格数的比值作为该类景观客观特征的量化值。

$$S = \frac{N}{464} \times 100\%$$

其中，S 表示景观客观特征量化值（景观元素占比），N 表示景观元素所占网格数量，464 是图片的网格数量。

对历史街道、商业街道和公园街道景观客观特征量化，发现历史街道共包括 15 类景观特征，其中占比最多的前三类景观特征分别是实墙界面的建筑（30.60%）、木质界面的建筑（16.16%）、天空（9.48%），人行天桥、交通指示牌两类景观特征不存在；商业街道共包括 16 类景观特征，其中占比最多的前三类景观特征分别是玻璃界面的建筑（29.53%）、天空（24.78%）、行人（12.93%），仅木质界面建筑类景观特征不存在；公园街道共包括 12 类景观特征，其中占比最多的前三类景观特征分别是植被（81.89%）、道路（9.69%）、路灯路牌（3.81%），交通指示牌、人行天桥、机动车三类景观特征不存在。

8.1.2 城市街道景观感知特征量化

本实验共回收 120 名游客的有效问卷数据。通过统计城市街道景观感知特征 SD 量表的数据结果，可得到 3 条街道上每个形容词对应的得分情况，即游客对城市街道景观感知特征的"心理量"。具体而言，对 102 份问卷各项因子指标分值求得平均分，得到综合平均分，再以平均分值为坐标值，绘制可视化雷达图，可以直观看出游客在模拟游览和实地游览城市街道中对景观感知特征的综合评价（见图 8-1）。

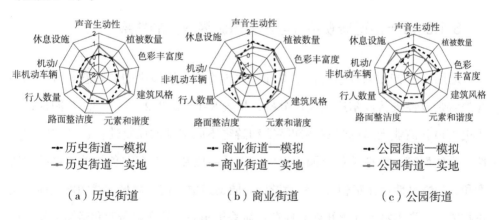

（a）历史街道　　　　（b）商业街道　　　　（c）公园街道

图 8-1　模拟游览和实地游览城市街道中 SD 综合平均分雷达图示

模拟游览和实地游览历史街道中，游客视角下城市街道景观感知特征得分大部分为 0~1，其中只有实地游览中的建筑风格因子得分超过 1 分，说明实地游览中游客对街道建筑风格的感知更突出，模拟游览和实地游览中游客对街道建筑风格感知均是偏向历史的而非现代的；其中只有模拟游览中的色彩丰富度因子得分低于 0 分，说明模拟游览中游客对街道色彩的感知偏向单调，但实地游览中游客感知相对丰富。

模拟游览和实地游览商业街道中，游客对城市街道景观感知特征得分大部分为 0~1，其中行人数量因子得分超过 1 分，说明模拟游览和实地游览中游客对街道行人数量感知均是偏多的；同时实地游览中路面整洁度因子得分也超过 1 分，说明虽然模拟游览和实地游览中游客对街道路面整洁度感知均是偏向整洁的而非凌乱的，但实地游览中游客对街道路面整洁度的感知更突出；其中只有建筑风格因子得分低于 0 分，说明模拟游览和实地游览中游客对街道建筑风格感知均是偏向现代的而非历史的，这符合商业街道（小寨）以现代建筑为主的实际情况。

模拟游览和实地游览公园街道中，游客视角下城市街道景观感知特征得分大部分也是 0~1，其中只有机动 / 非机动车辆因子得分低于 -1 分，说明模拟游览和实地游览中游客对街道机动 / 非机动车数量的感知均是偏少的，这也符合公园街道（曲江池）的实际情况。

8.1.3 城市街道景观特征与游客旅游恢复性的关系

运用 SPSS22.0 软件对模拟游览和实地游览城市街道中的景观感知特征和游客旅游恢复性进行皮尔逊相关性分析，见表 8-1、表 8-2、表 8-3。公园街道、历史街道和商业街道的景观感知特征和游客不同维度的恢复性存在一定的相关性。具体而言，模拟游览公园街道中，声景品质和 SCL 存在负相关，路面整洁度和感知恢复性存在正相关；实地游览公园街道中，植被数量和感知恢复性存在正相关，色彩丰富度和感知恢复性存在显著正相关，元素和谐度和感知恢复性存在正相关，路面整洁度和感知恢复性存在正相关，机动 / 非机动车辆和感知恢复性存在负相关，休息设施和感知恢复性存在正相关，唤醒度和 PPG 存在负相关。模拟游览历史街道中，植被数量和感知恢复性、唤醒度存在正相关，色彩丰富度和 SCL 存在正相关，街道元素和谐度和感知恢复性存在正相关，街道路面整洁度和唤醒度、PPG 存在正相关，机动 / 非机动车辆和 SCL 存在负相关，休息设施和唤醒度存在正相关；实地游览历史街道中，植被数量和感知恢复性存在正相关、和 SCL 存在负相关，行人数量和愉悦度、压力存在正相关，休息设施和唤醒度存在正相关，愉悦度和唤醒度、压力存在正相关，唤醒度和压力存在正相关。模拟游览商业街道中，植被数量和压力存在负相关、和 PPG 存在正相关，休息设施和感知恢复性存在正相关；实地游览商业街道中，色彩丰富度和感知恢复性存在正相关，感知恢复性和 SCL 存在正相关。这说明城市街道游览中，游客对街道景观的感知特征和恢复性能够产生相关关系，即人—景互动才能影响游客旅游恢复性体验。

表 8-1　　　　　　公园街道景观感知特征和游客旅游恢复性的相关性分析

		感知恢复性 T3	愉悦度 T2-T1	唤醒度 T2-T1	压力 T1-T2	SCL T1-T2	PPG T1-T2
声景品质	Pearson 相关性（模拟游览）	0.256	0.178	−0.215	−0.284	−0.515*	−0.169
	Pearson 相关性（实地游览）	0.488	0.150	0.442	0.315	−0.134	0.021
植被数量	Pearson 相关性（模拟游览）	0.116	−0.155	−0.009	−0.293	−0.261	−0.199
	Pearson 相关性（实地游览）	0.567*	0.257	0.433	0.434	0.231	−0.191
色彩丰富度	Pearson 相关性（模拟游览）	0.303	0.223	0.376	0.111	0.077	0.022
	Pearson 相关性（实地游览）	0.514*	−0.295	0.408	0.243	−0.143	−0.490

		感知恢复性 T3	愉悦度 T2-T1	唤醒度 T2-T1	压力 T1-T2	SCL T1-T2	PPG T1-T2
建筑品质	Pearson 相关性（模拟游览）	−0.173	0.028	−0.163	0.162	−0.259	−0.059
	Pearson 相关性（实地游览）	0.058	0.114	−0.167	−0.453	0.258	−.153
元素和谐度	Pearson 相关性（模拟游览）	0.285	−0.173	0.040	−0.395	−0.194	−.073
	Pearson 相关性（实地游览）	0.549*	−0.096	−0.011	0.191	0.057	0.023
路面整洁度	Pearson 相关性（模拟游览）	0.524*	0.035	0.219	−0.433	−0.185	−0.402
	Pearson 相关性（实地游览）	0.506*	0.096	0.182	0.281	−0.028	0.042
行人数量	Pearson 相关性（模拟游览）	−0.260	−0.363	0.138	−0.179	0.033	−0.127
	Pearson 相关性（实地游览）	−0.489	0.260	−0.217	−0.132	0.140	0.129
机动/非机动车辆	Pearson 相关性（模拟游览）	−0.598*	0.273	−0.165	0.152	0.231	0.273
	Pearson 相关性（实地游览）	−0.523*	0.021	−0.185	−0.297	0.121	0.036
休息设施	Pearson 相关性（模拟游览）	0.300	−0.288	0.116	−0.379	−0.119	−0.497
	Pearson 相关性（实地游览）	0.675**	0.063	0.319	0.506	0.137	−0.160

注：** 表示在 0.01 水平上显著相关；* 表示在 0.05 水平上显著相关。

表 8-2　　　　　历史街道景观感知特征和游客旅游恢复性的相关性分析

		感知恢复性 T3	愉悦度 T2-T1	唤醒度 T2-T1	压力 T1-T2	SCL T1-T2	PPG T1-T2
声景品质	Pearson 相关性（模拟游览）	0.362	−0.246	0.416	−0.129	0.229	0.108
	Pearson 相关性（实地游览）	0.263	0.344	0.406	0.374	−0.007	0.161
植被数量	Pearson 相关性（模拟游览）	0.593**	0.217	0.471*	0.091	0.221	−0.101
	Pearson 相关性（实地游览）	0.612*	−0.320	−0.190	0.186	−0.502*	0.077
色彩丰富度	Pearson 相关性（模拟游览）	0.219	−0.128	0.285	−0.373	0.495*	0.170
	Pearson 相关性（实地游览）	0.306	−0.352	0.000	−0.192	−0.073	−0.250
建筑品质	Pearson 相关性（模拟游览）	0.303	−0.076	−0.031	−0.251	0.361	0.103
	Pearson 相关性（实地游览）	0.290	−0.235	0.218	−0.066	−0.018	−0.171
元素和谐度	Pearson 相关性（模拟游览）	0.015	0.416	−0.251	0.241	0.371	−0.049
	Pearson 相关性（实地游览）	0.634**	−0.159	−0.179	0.041	−0.308	0.305
路面整洁度	Pearson 相关性（模拟游览）	0.295	0.038	−0.043	0.315	−0.134	−0.447
	Pearson 相关性（实地游览）	0.361	0.181	0.000	0.687**	−0.398	0.514*

		感知 恢复性 T3	愉悦度 T2-T1	唤醒度 T2-T1	压力 T1-T2	SCL T1-T2	PPG T1-T2
行人 数量	Pearson 相关性 （模拟游览）	0.122	0.044	0.187	0.366	−0.283	−0.271
	Pearson 相关性 （实地游览）	0.061	0.511*	0.248	0.656*	−0.173	0.203
机动/ 非机动 车辆	Pearson 相关性 （模拟游览）	−0.121	−0.321	0.040	0.104	−0.563*	−0.275
	Pearson 相关性 （实地游览）	−0.141	−0.114	0.085	0.193	−0.113	−0.034
休息 设施	Pearson 相关性 （模拟游览）	0.072	0.305	0.032	0.474*	−0.384	−0.243
	Pearson 相关性 （实地游览）	0.161	0.029	0.060	0.590*	−0.092	0.450

注：** 表示在 0.01 水平上显著相关；* 表示在 0.05 水平上显著相关。

表 8-3　　　　　　商业街道景观感知特征和游客旅游恢复性的相关性分析

		感知 恢复性 T3	愉悦度 T2-T1	唤醒度 T2-T1	压力 T1-T2	SCL T1-T2	PPG T1-T2
声景 品质	Pearson 相关性 （模拟游览）	0.388	−0.274	−0.334	0.160	−0.318	0.203
	Pearson 相关性 （实地游览）	0.287	−0.468	−0.081	0.296	0.092	−0.306
植被 数量	Pearson 相关性 （模拟游览）	0.117	−0.460	−0.068	−0.552*	0.093	0.708**

续表

		感知 恢复性 T3	愉悦度 T2-T1	唤醒度 T2-T1	压力 T1-T2	SCL T1-T2	PPG T1-T2
植被 数量	Pearson 相关性 （实地游览）	0.277	0.093	0.080	−0.229	0.255	0.055
色彩 丰富度	Pearson 相关性 （模拟游览）	0.433	−0.140	−0.191	−0.016	0.415	0.159
	Pearson 相关性 （实地游览）	0.524*	−0.120	0.246	0.096	0.293	−0.386
建筑 品质	Pearson 相关性 （模拟游览）	0.482	0.052	0.000	−0.045	0.296	0.173
	Pearson 相关性 （实地游览）	0.060	0.181	−0.137	−0.295	−0.319	−0.274
元素 和谐度	Pearson 相关性 （模拟游览）	0.447	−0.497	−0.046	0.121	−0.124	0.076
	Pearson 相关性 （实地游览）	0.117	−0.307	−0.324	0.046	0.023	−0.004
路面 整洁度	Pearson 相关性 （模拟游览）	0.369	−0.494	−0.323	0.090	0.162	0.121
	Pearson 相关性 （实地游览）	0.062	0.036	−0.073	0.096	0.066	0.056
行人 数量	Pearson 相关性 （模拟游览）	−0.128	−0.011	−0.061	0.201	−0.097	0.332
	Pearson 相关性 （实地游览）	−0.045	0.156	0.268	−0.161	−0.346	−0.218
机动/ 非机动 车辆	Pearson 相关性 （模拟游览）	−0.367	0.109	0.000	0.197	−0.072	−0.113

续表

		感知 恢复性 T3	愉悦度 T2-T1	唤醒度 T2-T1	压力 T1-T2	SCL T1-T2	PPG T1-T2
机动/ 非机动 车辆	Pearson 相关性 （实地游览）	0.016	−0.056	0.114	−0.097	−0.163	−0.168
休息 设施	Pearson 相关性 （模拟游览）	0.823**	−0.500	−0.282	0.151	0.248	0.167
	Pearson 相关性 （实地游览）	0.079	−0.348	−0.076	−0.213	0.249	0.301

注：** 表示在 0.01 水平上显著相关；* 表示在 0.05 水平上显著相关。

8.2 城市街道景观特征对游客旅游恢复性的影响

模拟游览和实地游览城市街道中对游客心理生理恢复性效应的影响因素主要是城市街道景观感知特征，而非城市街道景观客观特征。因此，本节通过散点图拟合线分析，进一步探究模拟游览和实地游览城市街道景观感知特征和游客心理生理恢复性效应的关系，以期明确城市街道景观感知特征对游客旅游恢复性的影响趋势。

8.2.1 公园街道景观感知特征对游客旅游恢复性的影响

图 8-2 是模拟游览中公园街道景观感知特征和游客旅游恢复性的拟合分析结果。可以看出，模拟游览公园街道中，声景品质负向影响游客 SCL 值，即随着声景品质感知水平提高，游客 SCL 值逐渐降低，当声景品质得分在 1 分时，SCL

值最低，表明模拟游览公园街道中高品质声景有助于增加游客 SCL 水平，这可能是生理层面的积极唤醒；路面整洁度正向影响游客感知恢复，即路面越整洁，游客感知恢复水平越高，当路面整洁度得分在 1~2 分时，游客感知恢复性明显增加。就影响程度而言，声景品质（拟合线系数的绝对值为 0.7970）＞路面整洁度（拟合线系数的绝对值为 0.2021）。

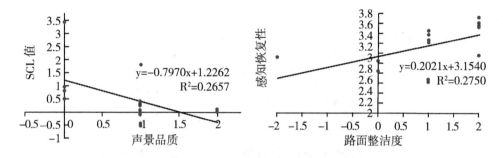

图 8-2　模拟游览中公园街道景观感知特征和游客旅游恢复性拟合线

图 8-3 是实地游览中公园街道景观感知特征和游客旅游恢复性的拟合分析结果。实地游览公园街道中，植被数量、色彩丰富度、元素和谐度、路面整洁度和休息设施均正向影响游客感知恢复性，说明实地游览中植被数量感知越丰富、色彩类型感知越丰富、街道元素感知越和谐、路面感知越整洁、休息设施感知越完善，对游客感知环境恢复性影响程度越大；而机动 / 非机动车辆负向影响游客感知恢复性，说明实地游览中机动 / 非机动车辆感知越少，对游客感知环境恢复性影响程度越大。就影响程度而言，休息设施（y=0.3505x+3.5777，R^2=0.4559，拟合线系数的绝对值为 0.3505）＞元素和谐度（y=0.3435x+3.3434，R^2=0.3009，拟合线系数的绝对值为 0.3435）＞路面整洁度（y=0.3167x+3.3289，R^2=0.2558，拟合线系数的绝对值为 0.3167）＞植被数量（y=0.2747x+3.4079，R^2=0.3216，拟合线系数的绝对值为 0.2747）＞色彩丰富度（y=0.2727x+3.4438，R^2=0.2639，拟合线系数的绝对值为 0.2727）＞机动 / 非机动车辆（y=-0.2532x+3.3964，R^2=0.2732，拟合线系数的绝对值为 0.2532）。

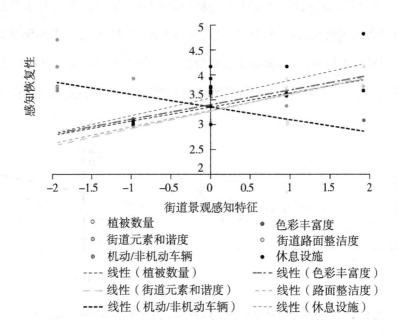

图 8-3　实地游览中公园街道景观感知特征和恢复性拟合线

　　模拟游览和实地游览公园街道中，街道景观感知特征对游客旅游恢复性的影响存在一定差异，即模拟游览中街道景观感知特征不仅能够显著影响生理层面的SCL 水平，也能显著影响心理层面的感知恢复性，但在影响因素上只有声景品质和路面整洁度 2 个指标，其中声景品质的影响最大；而实地游览中街道景观感知特征仅仅对游客心理层面的感知恢复性产生显著影响，但影响因素更多，包括休息设施、元素和谐度、路面整洁度、植被数量、色彩丰富度、机动 / 非机动车辆6 个指标，其中休息设施的影响最大。

8.2.2 历史街道景观感知特征对游客旅游恢复性的影响

　　图 8-4 是模拟游览中历史街道景观感知特征和游客旅游恢复性的拟合分析结果。可以看出，植被数量正向影响感知恢复性，即植被感知越密集，游客感知恢

复性越高；色彩丰富度正向影响 SCL 降低值，机动 / 非机动车辆正向影响 SCL 降低值，即色彩感知越丰富，游客 SCL 降低值越大，而机动 / 非机动车辆感知越密集，游客 SCL 降低值越小，当机动 / 非机动车辆感知密集度得分在 1~2 分时，游客的 SCL 水平逐渐超过压力阶段，这可能是生理层面的消极唤醒；而元素和谐度对游客感知恢复性的正向影响较小（拟合优度 R^2=0.0002，不足 0.2），路面整洁度对 PPG 降低值的负向影响较小（拟合优度 R^2=0.1996，不足 0.2），行人数量对唤醒度增加值的正向影响较小（拟合优度 R^2=0.0349，不足 0.2）。就影响程度而言，机动 / 非机动车辆（拟合线系数的绝对值为 0.5382）＞色彩丰富度（拟合线系数的绝对值为 0.3738）＞植被数量（拟合线系数的绝对值为 0.2966）。

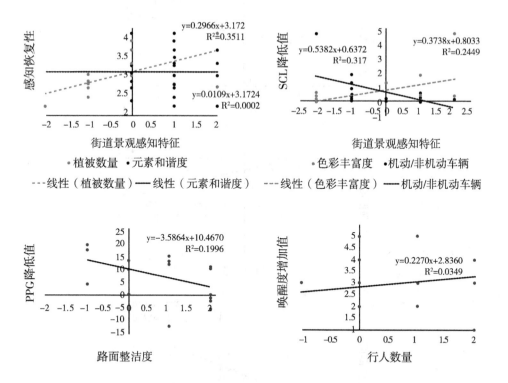

图 8-4　模拟游览中历史街道景观感知特征和恢复性拟合线

图 8-5 是实地游览中历史街道景观感知特征和游客旅游恢复性的拟合分析结

果。可以看出，植被数量正向影响感知恢复性，即植被感知越密集，游客感知恢复性越高；植被数量负向影响 SCL 降低值，即植被感知越密集，游客 SCL 降低值越低，这可能是生理层面的积极唤醒。行人数量正向影响压力降低值，即感知行人数量越多，游客压力降低值越大；行人数量正向影响愉悦度增加值，即感知行人数量越多，游客愉悦度增加值越高。就影响程度而言，行人数量（愉悦度增加值拟合线系数的绝对值为 0.6886）＞行人数量（压力降低值拟合线系数的绝对值为 0.5372）＞植被数量（SCL 降低值拟合线系数绝对值为 0.4166）＞植被数量（感知恢复性拟合线系数的绝对值为 0.2867）。

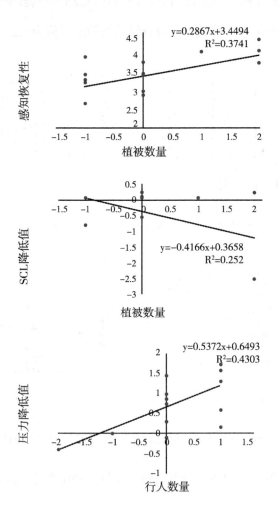

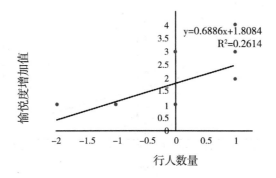

图 8-5　实地游览中历史街道景观感知特征和恢复性拟合线

可以发现，无论是模拟游览还是实地游览历史街道，街道景观感知特征都能对生理层面（如 SCL、PPG）和心理层面（如感知恢复性、压力、愉悦度、唤醒度等）的游客旅游恢复性产生一定影响。进一步对比发现，模拟游览历史街道中主要是机动／非机动车辆、色彩丰富度、植被数量 3 个指标产生影响，其中机动／非机动车辆的影响最大；而实地游览中主要是行人数量和植被数量 2 个指标产生影响，其中行人数量的影响最大。

8.2.3　商业街道景观感知特征对游客旅游恢复性的影响

图 8-6 是模拟游览中商业街道景观感知特征和游客旅游恢复性的拟合分析结果。可以看出，植被数量负向影响压力降低值，即植被感知越密集，游客压力降低值越低，这说明高密度的植被反而会对游客造成心理压力。休息设施正向影响感知恢复性，即休息设施感知越完善，感知恢复性越高。就影响程度而言，植被数量（PPG 降低值拟合线系数的绝对值为 9.6145）＞休息设施（拟合线系数的绝对值为 0.4198）＞植被数量（压力降低值拟合线系数的绝对值为 0.1499）。

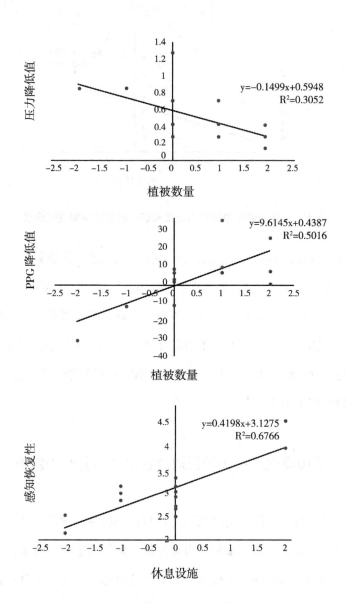

图 8-6　商业街道模拟游览中街道景观感知特征和恢复性拟合线

　　图 8-7 是实地游览中商业街道景观感知特征和游客旅游恢复性的拟合分析结果。可以看出，色彩丰富度正向影响感知恢复性，即街道色彩感知越丰富，游客感知恢复水平越高，当色彩丰富度得分在 1~2 分时，游客感知恢复水平显著提升。

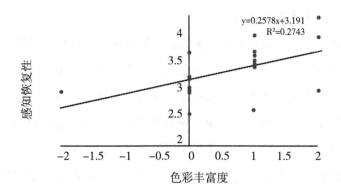

图 8-7 实地游览中商业街道景观感知特征和恢复性拟合线

可以发现，模拟游览和实地游览商业街道中，街道景观感知特征对游客旅游恢复性的影响存在一定差异：模拟游览中街道景观感知特征不仅能够显著影响生理层面的 PPG 水平，也能显著影响心理层面的感知恢复性和压力降低值，主要是休息设施和植被数量 2 个指标对游客旅游恢复性产生影响，其中休息设施的影响最大；而实地游览中街道景观感知特征仅对游客心理层面的感知恢复性产生显著影响，在影响因素上只有色彩丰富度一个指标对游客旅游恢复性存在显著影响。

8.3 小结

本章旨在从城市街道景观特征角度出发，通过对城市街道景观客观特征和感知特征的量化识别，构建城市街道景观特征与游客旅游恢复性的关系，以探究模拟游览和实地游览城市街道中影响游客心理生理恢复性效应的相关因素。具体的研究结果主要包括以下几点。

第一，基于 PS 图像量化法识别出城市街道景观客观特征，历史街道 15 类，以实墙界面建筑、木质界面建筑和天空为主；商业街道 16 类，以玻璃界面建筑、天空和行人为主；公园街道 12 类，以植被、道路和路灯路牌为主。基于 SD 法量化城市街道景观感知特征模拟游览和实地游览，历史街道、商业街道和公园街道中游客感知得分主要为 0~1 分。

第二，对城市街道景观特征和游客旅游恢复性的分析表明，城市街道景观客观特征和游客旅游恢复性之间不存在显著相关关系，即城市街道景观客观特征的单一变化不能显著影响游客生理心理恢复性效应；而城市街道景观感知特征和游客旅游恢复性存在一定的相关性，即不同类型城市街道中，游客对城市街道具体景观特征的感知结果和游客心理生理恢复性效应存在相关关系。

第三，模拟游览和实地游览不同类型城市街道中影响游客旅游恢复性的景观感知特征因素不同。对比发现，模拟游览中，公园街道的主要影响因素为"声景品质（负向）>路面整洁度（正向）"，历史街道的主要影响因素为"机动/非机动车辆（负向）>色彩丰富度（正向）>植被数量（正向）"，商业街道的主要影响因素为"休息设施（正向）>植被数量（正向）"；而实地游览中，公园街道的主要影响因素为"休息设施（正向）>元素和谐度（正向）>路面整洁度（正向）>植被数量（正向）>色彩丰富度（正向）>机动/非机动车辆（负向）"；历史街道的主要影响因素为"行人数量（正向）>植被数量（正向）"；商业街道的影响因素为色彩丰富度（正向）。产生差异的原因可能与街道属性和游览情境有关，就街道属性而言，公园类环境中的游客通常以欣赏自然环境为动机，因此对声景品质及休息设施的要求更高；历史类环境中的游客通常以追寻历史记忆为动机，因此对现代化的机动/非机动车辆较为敏感，但本研究发现实地游览历史街道中的行人因素和游客旅游恢复性存在正向关系，这可能和旅游情境中的"人气"效应有关；商业环境中的游客通常以商贸消费为动机，因此对颇具现代特色的设施及色彩感知更为敏感。就游览情境而言，模拟和实地作为两种不同类型的游览情境，一种是心理在场，另一种是身心在场，因此游客关注到的景观特征也存在差异，对其继而有不同的影响。

参考文献

[1] Zhao J,Wu J,Wang H. Characteristics of urban streets in relation to perceived restorativeness[J]. Journal of Exposure Science & Environmental Epidemiology, 2020, 30（2）：309-319.

[2] 周韬, 郑文晖, 陈启泉. 城市街道景观特征与连续性评价方法研究 [J]. 风景园林, 2019, 26（3）：99-104.

参考文献

[1] Xue Y, Bai Y, Wang Y. Characteristics of adsorption approach to solution in capillary[J]. Journal of Environmental Engineering and Science. X Environmental Engineering. 2009, 26(1): 766-770.

[2] 薛禹群, 谢春红. 地下水动力学原理[M]. 北京: 地质出版社, 1986.